すべての「超能力」は再現できる!?

DaiGoメンタリズム vs. Dr.苫米地“脱洗脳”

DaiGo（メンタリスト）　苫米地英人（認知科学者／カーネギーメロン大学博士）

ヒカルランド

物理法則を超えた超能力はない。
そうじゃなくて超能力に合わせて
物理法則を変えていかなきゃいけない。
この世で起きていることを
説明できていないんだったら、
法則が悪いでしょう。

「なぜメンタリズムができるようになるか」。
それは「できる」と思ったからなんだ。
フォークがフニャフニャと曲がるときは、
先にイメージが成功しているからできるのであって、
かなり高度な推論が脳内で行われている。
メンタリズムは「メンタリストの頭の中で起きている現象」なんだ。

フォーク曲げは超能力でも何でもなくて、
「全部科学で理屈があるんですよ。あなたにもできますよ」と
言ってしまうところが、僕らのメンタリズムと
普通の人たちと違うところです。

普通の会話の中に暗示が埋め込まれていたり、
もしくは何かの情報が、
表情やしぐさなどから
引き出されていて、
それを効果的に利用してショーを
演出するのがメンタリズムなんです。

DaiGoメンタリズム vs Dr.苫米地〝脱洗脳〟 すべての「超能力」は再現できる!? 目次

Part-1 洗脳とメンタリズム
――現代人はどのように洗脳されているのか？

Contents

Part-2 超能力は存在するのか？

Contents

Part-4

日本は奴隷カルト国家⁉

Contents

洗脳は催眠やメンタリズム、占いも何でも使える。
でも、必ず引き起こされるのが変性意識状態なんだ。

Part - 1

洗脳とメンタリズム

——現代人はどのように洗脳されているのか？

「マインドコントロール」と「洗脳」はどう違うのか

苫米地　「マインドコントロール」と「洗脳」はどう違うのか。まず先に洗脳を定義しておかないといけない。今回も当然のことながら私の悪口を言いたい人たちはいる。悪口を言いたい人は、大きく分けて3種類。

1番は広い意味での2ちゃんねる系、エフィカシー（自分の能力の自己評価）の低い人、寂しい人、有名な人や突出した人をたたいて自分が喜びたい人。それはエフィカシーが低いと思う。そういう人は自分のエフィカシーを上げればいいのに、わざわざ相手を引きずりおろしたい人たち。かわいそうなネットひきこもり系。

こういう人たちは置いておいて、残りの2つは、何かモチベーションがある。今回のタレントの洗脳騒動で言うと、単純にテレビに出たい人の可能性がある。私が出てきたら、今まで偉そうなことをいろいろ言っていた専門家たちは、「君たち、何だったの？」と。また、マインドコントロールの話題は彼らの縄張りという論理で私を排除しようとする人たち。彼らの主張が間違っている論理の1つに、「マインドコントロールと洗脳は違う」ということを実際にテレビで言っている人がいる。「我々はマインドコントロールの専門家で、彼は洗脳の専門家で、今話題の案件はマインドコントロールだから、彼は何の役にも立たない」というようなバッシングをする。それは恣意的につけられた枠で、恐らく洗脳・脱洗脳専門家って、間違いなく日本で私しかいない。洗脳・脱洗脳は軍事技術まで入ってくる。精神科医やカウンセラーの仕事の外側のエリア。

例えば、今回、どこかの新聞に、私がそのタレントの精神ケアをして、医師が体のケアをするために彼女が入院したようなことが書かれたときに、「精神ケアは精神科医の仕事ではないですか」と、またバッシングが出た。別に私はそのインタビューに答えたわけじゃなくて、彼らが勝手に書いたわけだけど。

洗脳・脱洗脳は病気じゃない。簡単に言うと、病気じゃないものは医師の仕事じゃない。病だったら、病院に1カ月入院しても何も変わらなかった説明ができない。

じゃ、マインドコントロールは病かというと、マインドコントロールも病じゃない。マインドコントロールと洗脳の差はない。単にそれぞれが正確に定義されていない言葉、こういうのを運用的定義という。科学の場合は本当は厳密な定義がある。ユークリッド幾何学で、「直線とは何」といったら、必ず定義があるわけだ。「あいつの線は直線じゃないよ」は、簡単にイエス、ノーで決まるけど、科学は全部定義があって、それは学会の仕事なんだ。学会は学問をつくっている基礎となる定義をつくり上げていく。

マインドコントロールや洗脳の基本用語が定義されるべき学会が認知科学会。現代のパラダイムは認知科学。例えば、私が大学院生だったころ、私の行っていたイエール大学やカーネギーメロン大学もそうだけど、特にイエール大学は、大きいメディカルスクールがあったから、臨床心理も有名だった。私がいた大学院のプログラムで臨床心理プログラムがあったけど、私がいたのは認知科学プログラムで、隣のプログラムだった。

ところが、今は臨床心理プログラムのパラダイムそのものが認知科学。認知科学は新しい学問だから、昔は臨床と分かれていた。今は心理学の基本パラダイムは認知科学しかない。だから、臨床をやるときも認知科学なんだ。

逆に言うと、一部の精神科医の人たちがいまだにフロイトだ、ユングだというのは置いておいて、現代的な心理学をやっている人は、臨床であろうが、実験心理であろうが、基礎的な心理学であろうが、今は全部、認知科学というパラダイムの中でやっているわけ。

物理学が今は量子論というパラダイムしかなくなったのと同じ。相対論をやっていたとしても、量子論をやらないといけない。量子性ということは物理学の基礎パラダイム。同じように、心理学の基礎パラダイムは認知科学になった。

ところが、認知科学は、マインドコントロールとか洗脳という言葉が出てくるより後の学問。

洗脳とかマインドコントロールをだれも定義をしないままの運用的定義だ。実は洗脳というのは、フロリダの新聞記者が昔の中国軍がやっていた技術に対してつくった言葉なんだ。

マインドコントロールは、どちらかというと、アメリカのカルトと闘っていた人たちがつくった言葉。特にアメリカは統一協会の話題があった。その統一協会系の知識を、日本も統一協会問題があったときに学んだ。そのときの心理学者たちがいるから、統一協会に対して主に使われていた言葉のマインドコントロールが、そのままマインドコントロールという言葉でひとり歩きした。

語源から言うと、**マインドコントロールという言葉は元々はもっと良い意味で、メンタルなコントロールという感じで使われてきた用語。アメリカではマインドコントロールという言葉は今でも良い意味で使われている。**私が著書『圧倒的な価値を創る技術［ゲシュタルトメーカー］』（ヒカルランド）で書いているコーチングもマインドコントロールのひとつ。

——日本で最初にマインドコントロールという言葉が広がったのは、統一協会の女性のタレントがテレビで話題になったときに始まりました。

苫米地　あのときに日本の牧師が、統一協会信者に対して脱会カウンセリングをやっていた。すごく大きな社会問題だったから。そのときにアメリカの対統一協会のいわゆるセラピストのパラダイムを取り入れた。それは全部「マインドコントロール」と本で書かれていた。それが悪いというわけじゃないけれど、本で書かれたようなことがマインドコントロールとは何かに定義されてしまった。もともとアメリカで本を書いた人は統一協会しかやってない。イスラムテロリストを知らないし、中国のマインドコントロール、ブレインウォッシング（洗脳）を知らない。最新の軍事的なブレインウォッシングがあるけれども、そういうのを何にも知らず、30年ぐらい前の統一協会がやっていたことのみがマインドコントロールの定義だと思っている。

ただし、広い意味でのマインドコントロールはもっと大きい意味で使われている。だから、今回の占い師とタレントの件はマインドコントロールと言ってもいいけど、いわゆるマインドコントロールの専門家が言っている話は全部統一協会風の技術の話である。

洗脳の専門家はたくさんいても、解くことを考えていない

じゃ、マインドコントロールやブレインウォッシングをどう定義したらいいかというと、それは定義する権限を持っているプロが定義するしかない。どういうことかというと、認知科学者の最低でも博士号を持っている人が定義しなきゃいけない。基礎パラダイムを提供している認知科学者が、今は心理学のベースになる用語を定義していくわけ。

私は、大分前に、オウム問題のときに、www.tomabechi.com のホームページに、「洗脳の定義」を書いている。当時は、本場アメリカで博士号を取った日本でたった1人の認知科学者だったから。これが私の洗脳の定義だと95、96年にアップしたホームページへのリンクが私のブログ http://www.tomabechi.jp に今でもあるからそれを見てほしい。それを見て勉強してから来いということ。最低でも認知科学の博士号を取ってから定義にチャレンジしろと。

DaiGo　苫米地さんは、軍事的なブレインウォッシングはどこで見たり学んだりしたんですか。

苫米地　それは2つ。1つは、私がもともといたカーネギーメロン大学は国防総省や国家安全保障局などの予算研究が多いから、研究所の仲間たちは軍事系の人たちが多いからそういう情報をいっぱいもらった。だけど、私は軍事系の知識はあるけど、技術を学んだわけじゃない。技術は彼らから紹介してもらった論文とか、オウム前後にも国際学会が色々あったので、そういうところで知り合った人たちとの交流の中で学んでいった。恐らく脱洗脳の専門家というのはいない。洗脳の専門家はいっぱいいるけど、軍人は解くことを考えていない。

催眠だって、うちの日本催眠術協会の理事たちも、自分でかけた催眠は解くけど、他人のかけた催眠を解くという発想はない。それを解くのが我々の仕事だ。**催眠は一晩寝たら終わりだから、洗脳とは違う。洗脳は寝ても起きても永続する。ただの催眠なら睡眠より深い変性意識**

がないから、より深い変性意識に負ける。

――トラウマも睡眠の間に夢を見ることで消えていくと最近言いますね。

苫米地　だから**脱洗脳のヒントは、洗脳家がつくった変性意識より強い変性意識を引き起こさなきゃいけない。**

洗脳の定義は、私の旧ＨＰ「苫米地コム」(www.tomabechi.com) から14年前（１９９８年9月25日付）の当時の文章をそのまま引用する（巻末２６４ページを参照のこと）。この定義を認知科学で博士号を持っている私が当時からずっと公開しているのを無視して、勝手な定義が今でもされているのは大変残念なこと。

マインドコントロールは本当はプラスの意味で使う言葉

ＤａｉＧｏ　メンタリズムは、洗脳というよりも催眠とかマインドコントロールに近いのかもしれないですね。苫米地さんは完全に専門の方なので、適当なことを言うと突っ込まれそうで、怖くて余り言えませんが、向こうのメンタリストの文献を見ると、よく出てくるのは、彼らは、**マインドコントロールという言葉はマイナスの意味だけでは使わない。心理誘導などに使いま**

す。いいマインドコントロールと悪いマインドコントロールがあって、いい、悪いも恣意的ですけれど、今日本で話題になっている、**人を破滅させるような破壊的な心理誘導は「カルト・マインドコントロール」というほうが正しいですね。**

苫米地　それはそのとおり。アメリカでマインドコントロールはコーチングなどで使うから、まさにプラスの言葉。

DaiGo　いいマインドコントロールは心理療法とか、自分に使うとセルフコントロールという言い方に変わります。

苫米地　統一協会系の人がたまたま出したアメリカの、それも当時素人の元の犠牲者が書いた本があって、それが翻訳されて日本のマインドコントロールの定義になっちゃった。ＤａｉＧｏ君の言っているのは正しい。**マインドコントロールは本当はプラスの意味の言葉。**もともと語感に悪いイメージはないからね。中立的な言葉。マインドコントロールはマインド・コントロールで2語なんだよ。日本でいうマインドコントロールは1単語なんだよ。日本独自の和製英語だと思って言ったほうがいい。

DaiGo　日本は定義というか言葉の意味が独自になっている。

苫米地　統一協会が問題になったときに、たまたまアメリカから入ってきた被害者のスティーブン・ハッサンという人の1冊の本がベースになってつくられた和製英語ですと言ったほうがいい。だから、「私たち、アメリカのプロには意味がわかりません」。

洗脳には催眠、メンタリズム、占いと何でも使う。そのとき必ず引き起こされるのが「変性意識状態」

DaiGo　洗脳についてどこまで話せるのかわかりませんが、洗脳のプロセスは具体的にどのようなものがありますか。

苫米地　洗脳をものすごく簡単に説明すると、**洗脳は催眠も使えば、メンタリズムも使う、占いも何でも使える。**

でも、必ず引き起こされるのが変性意識状態なんだ。だから、物理的な目の前の現実世界が違って見えているということだよね。それが変性意識でしょう。変性意識は必ず覚醒する。それが普通であれば、その場から相手がいなくなって終わりだったり、夜寝れば睡眠より深い変性意識はなくて必ず睡眠が勝つから、催眠は寝ると解けてしまう。朝起きても、戻るのか続くのかを仕掛けて、それがある程度、期間を超えて永続化するようになると洗脳と言える。そのくらいの運用的定義がちょうどいい。

あともうひとつは、プラス本人の利益じゃないということを大前提にしないと、教育が洗脳

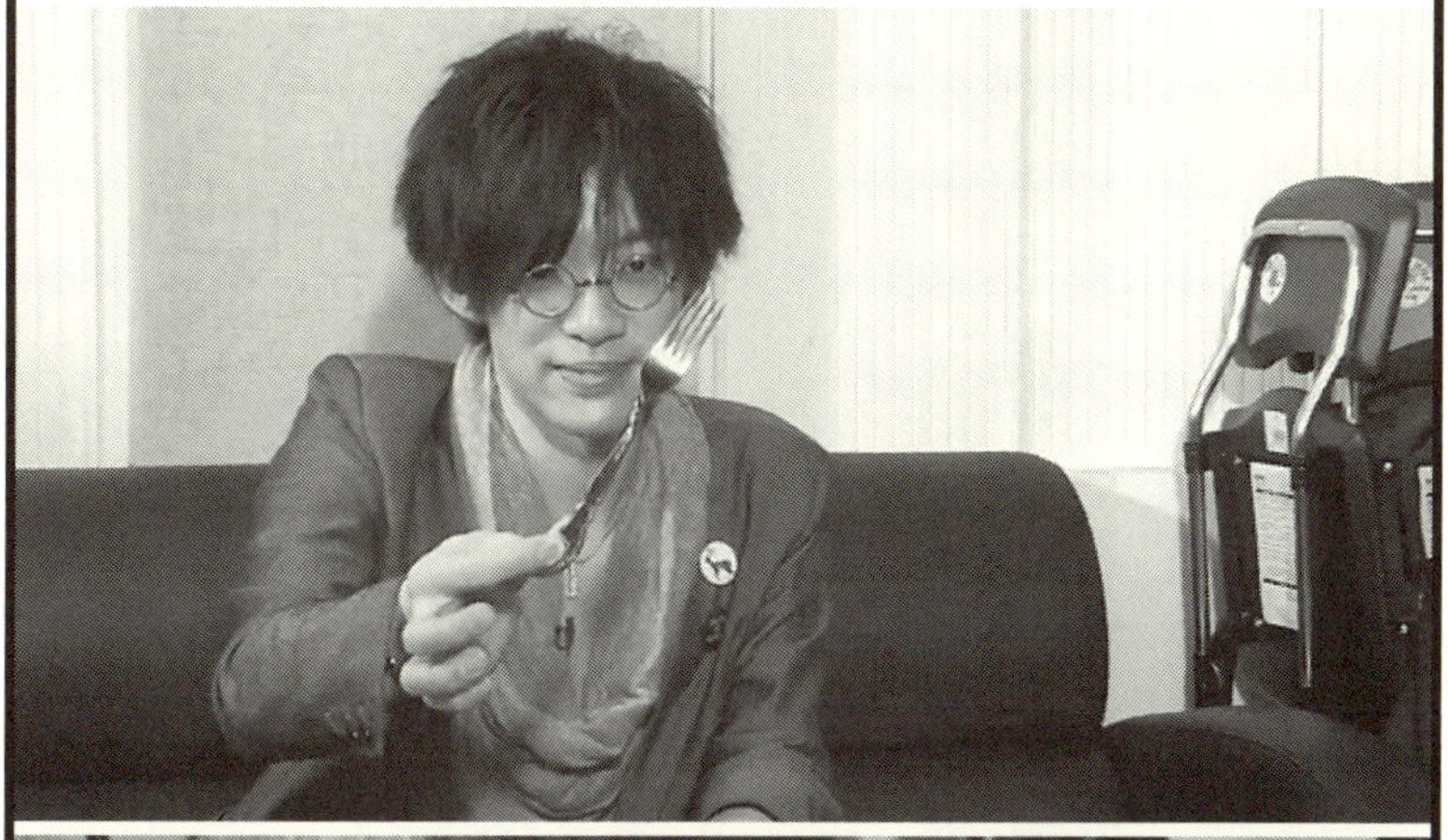

フォークを曲げるのは相手に「変性意識状態を引き起こす」という心理的な狙いがある。

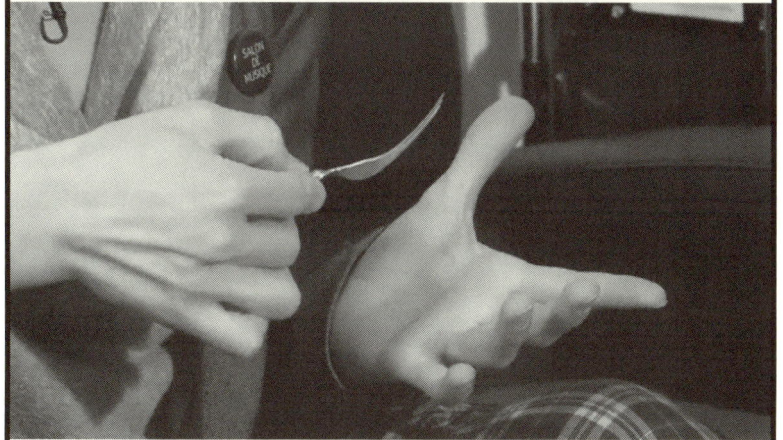

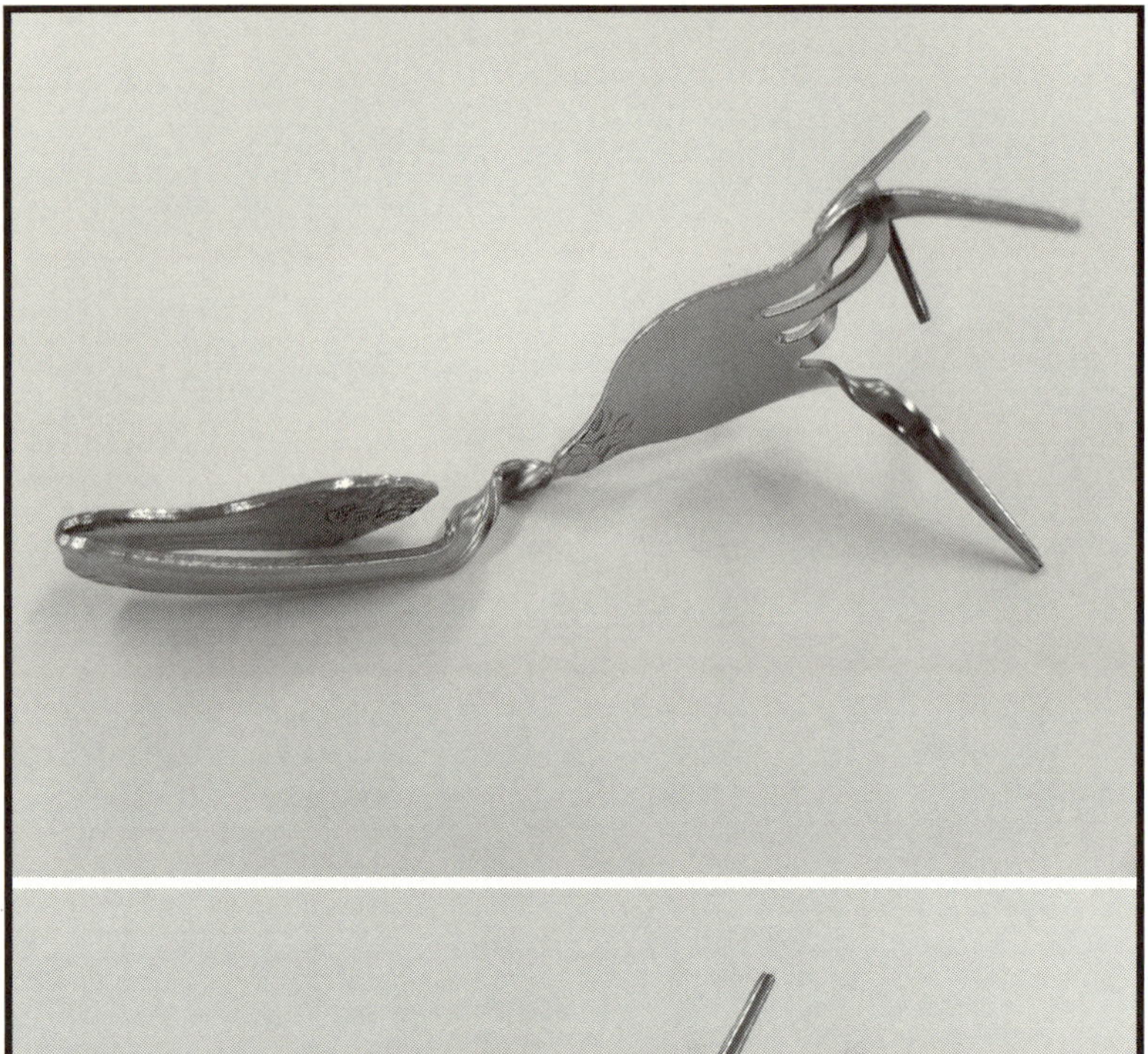

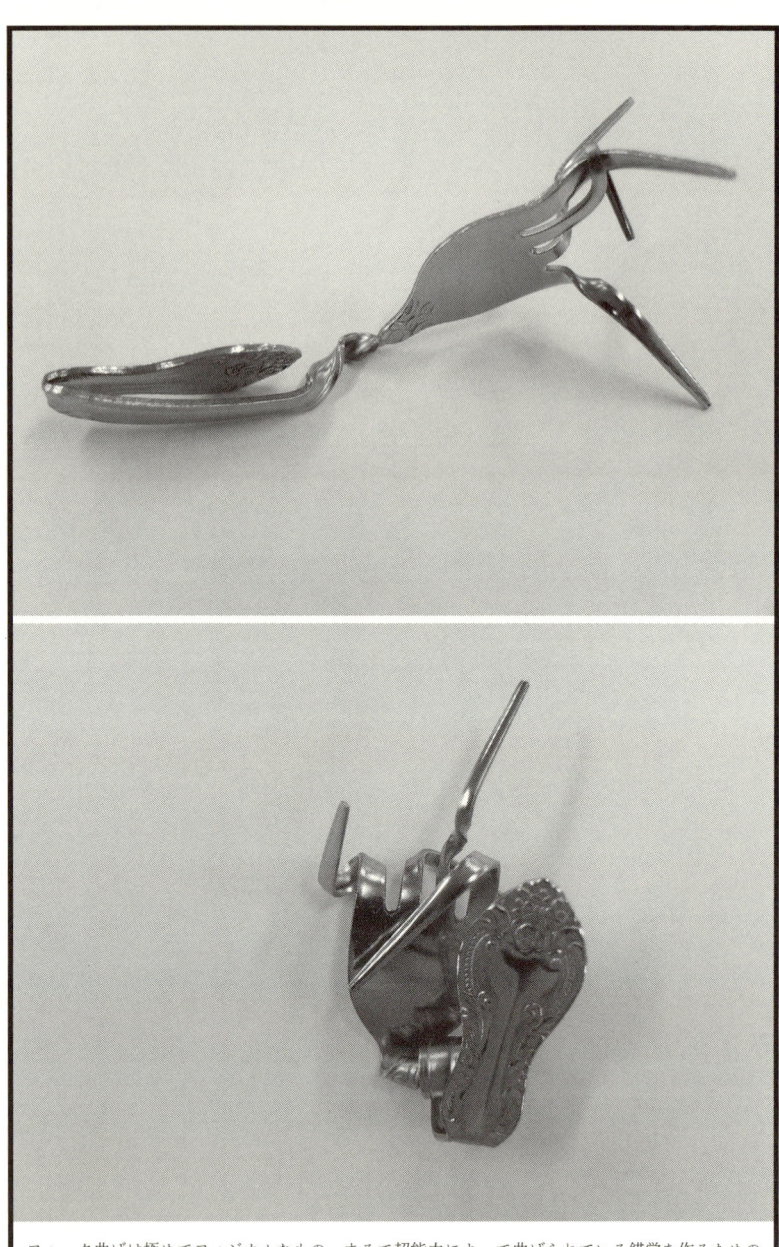

フォーク曲げは極めてフィジカルなもの。まるで超能力によって曲げられている錯覚を作るための心理学を利用している。

になっちゃうから。

DaiGo 破壊的な目的とか結末がない限りは、マインドコントロールはいい意味のほうのマインドコントロールですね。

苫米地 本人の利益のためにやっていれば、通常は本人の同意があるけど、未成年の場合は国が勝手に同意する。教育がそうでしょう。法律に基づき、もしくは本人の同意に基づくものを洗脳と言ってはいけない。ただし、本人の同意のとり方にいんちきがあったら、それはダメなんだ。占い師やカルトがやっていること。

DaiGo 詐欺的な方向ですね。

苫米地 言っていることとやっていることが違う。「幸せにしますよ」と言われて入信したらタダ働きで渋谷で花を売っているんじゃダメで、本人の同意という点をすごく細かく見ていかないといけない。でも、常識的には我々が外から見て大体わかるわけだ。

北朝鮮のやっていることが洗脳と言えるか否かは、すごく疑問になってくる。あれは国家でつくった法律によってやっているわけだから、我々が洗脳というと内政干渉になる。どう考えても、あれは教育じゃなくて、洗脳だと我々は言うわけだ。でも、北朝鮮の政府は「違う、あれは教育だ」と言っていいんだ。

DaiGo 国ぐるみでいくと、難しいですね。相手が大きくなると善悪の是非をしにくくなりますからね。

苫米地　ということは、それを理解しちゃうと、有効な教育は「有効な洗脳」だから、学校は小学校も中学校も高校も大学も、先生は「もっと洗脳技術を学べ」なんだよ。技術の話だから。

DaiGo　教える相手の心を誘導したり、モチベーションを引き出すための技術というのは、教職の課程で教えないですよね。

苫米地　教えないというより、知らないんだよ。

DaiGo　教える人もいないみたいな。

苫米地　文部科学省の役人がその存在さえ知らない。

DaiGo　苫米地先生は洗脳に関する文献を多く著されていますが、プロセスがメンタリズムにもあるんですよ。フォーク曲げとかスプーン曲げも、まさに苫米地さんがおっしゃるとおりです。**一番最初にフォークを曲げるのは、相手に変性意識状態を起こす狙いがあります。**

メンタリズムは精神的・心理的という意味のメンタルと語感が似ているので、すべてが心理学と思われがちですが、実際はそうではありません。

例えば、フォーク曲げ自体は、極めてフィジカルなものです。金属の性質を理解するための物理学、最小限の力で、最大のパワーを引き出す運動力学、まるで超能力によって曲げられていく錯覚を作るための心理学、これらを利用しているためです。

ただ、そこには「変性意識状態を引き起こす」という心理的な狙いがあるのです。

苫米地　一発目にフォーク曲げが成功したら相手の意識は変わるからね、すごくやりやすい。

DaiGo　そのとおりですね。フォーク曲げを見せて、この人はもしかしたら不思議な力があるのかとか思われる。

苫米地　それが変性意識だ、ラポール（相互の信頼関係）でもあるけど。

相手を驚かし、心を読み、それを誘導するエンターテインメントがメンタリズムです

DaiGo　メンタリズムの世界に引き込んでしまうと、ラポールができる。もうひとつ、これはメンタリズム独特な見解なのかもしれませんが、相手の表情筋がやわらぐんですね。リアクションが出ますから、表情とかしぐさがオーバーリアクションになってきて、表情を読み取りやすくなるんです。

苫米地　それは占い師と同じだよ。

DaiGo　そうですね。

苫米地　今回は占い師の話はしないけど、占い師と同じだ。占い師はそれをやる。それがまさに事前に得た情報を使うホットリーディングだ。

DaiGo　反対に事前に情報を得ないコールドリーダーや占い師の場合は、最初からいきなり当てにかかるか、名前は出せませんが、いきなり、あえて攻撃的なことを言う。驚かせるところから、催眠の驚愕法に近いんじゃないかという気がしますね。

苫米地　それは前近代的なやり方だ。

DaiGo　それで、引き込んで、メンタリズムの場合は相手の心を読み始めます。いろいろ当て始めて、ある程度ラポールが深まってきてから、「心を誘導しますよ」と言って、狙ったものをとらせたりします。もともと**メンタリズムはいろいろな知識、催眠だったり、占い師のテクニックも使っていますが、そういうものを使って、エンターテインメントする人たちをメンタリストといいます。**

それを宗教的に使う人たちもやっぱりいて、欧米でサイキックとかいっている人たちは、相手を驚かし、心を読み、そしてそれを誘導して、誘導した先は自分の信者にしていって、お客さんにするんですね。それがエンターテインメント、いわゆるメンタリズムの手順なんですよ。もしかしたら洗脳にもそれと似たような手順があるのかも。全部とは言えないのかもしれませんが。

苫米地　メンタリズムがいいところは、アメリカの本気の人たちがシステマティックに、いわゆるマニュアル化している。手順ができ上がっていて、それがすごく洗練されている。だから それを学べば、アメリカに行って食える。システムとしてやれていればね。

洗脳の場合はほとんど、その人たちが行き当たりばったりでつくっている。センスがいい人がたまたま成功しちゃったり、過去の古いやり方を自分で改良したりする。洗脳するほうは、意外とシステマティックにやっていない。もちろんシステマティックにできるようなプロがやったらアウトだけど、まずあり得ない。そういうシステマティックに洗脳の技術を学ぶようなレベルまで行くのは、最低でも博士号を取る人。だって、博士号を取るときは人格を見られるわけだから、スクリーニングの中であんまり変なやつに渡さない。

それがシステマティックに洗脳家になったら、国家レベルならあり得るかもしれないけど、通常の先進国、特にアメリカじゃ、ない。でも、洗脳する側は自力でやるから、特に相手に傷がつくようなメチャクチャなやり方があるわけだ。メンタリズムで心は傷つくことはないわけだ。それはシステムとしてでき上がっているから。

洗脳はできても、脱洗脳の技術を知らない専門家たち

苫米地　でも、洗脳は、メチャクチャをやるわけだ。洗脳の専門家は言えないだけでいっぱいいる。彼らは脱洗脳することは考えてないし、その上、その専門家たちの洗脳はほとんど使われてない。

要するに、軍事技術として開発しているから。原子力潜水艦から核ミサイルは飛んだことがないのと同じ。原子力潜水艦の専門家や核ミサイルの専門家は、プロ中のプロだけど、本物のミサイルを相手に打ち込んだことはないわけ。軍事技術はそうなんだ。

洗脳の専門技術はまず使われたことはないんだよ。陰謀論の人はいろんなことを言うけど、それはない。プロパガンダレベルはあるよ。それはナチのゲッペルスとかの話ね。洗脳の本物の専門家がやったら、日本があっという間に北朝鮮になっちゃうぐらいの技術がある。しかしそれは使われていない。

問題なのは、いわゆる洗脳研究している人たちが脱洗脳の技術を知らないこと。もちろん、一部は知られているかもしれないけど、大分適当なんだよ。実際、脱洗脳では、彼らのテクノ

ロジーが意外と役に立たなかった。その上、カルトは相手を傷つけていいようなメチャクチャなやり方をするわけ。軍は違うでしょう。軍のピストルは相手を傷つけないピストルだ。ライフルもそうでしょう。軍のは貫通弾であって、炸裂弾じゃない。フルメタルジャケットといって、相手の体も突き抜けるから結構安全なの。体なら鉛が残るから危ないでしょう。警察はパーンとやる、警察は死ねよと。

DaiGo　先端の部分だけとって削っておきますものね。体の中に鉛が飛び散るから。

苫米地　それは軍だから、軍の洗脳技術もあるけど、相手を洗脳しても、その国に行ったら、すぐ普通の人に戻せるような安全な洗脳技術を軍事技術として研究している。カルトだったら、そんなことはしてくれない。

DaiGo　本当の技術はコントロールができる。もちろん破壊的にも使えると思いますが。

苫米地　今の軍の洗脳技術はまた違うけど。こういった１９６０年代ぐらいまでの軍の技術が流出してカルトに利用されている。未完成な破壊的な技術。オウム事件クラスも統一協会も含めていっぱいあるけど、それだけ洗脳家をのさばらしているのは日本ぐらいなんだよ。サリンは軍事技術だよ。アメリカだったら、ＦＢＩやＣＩＡが、軍人が飛んでいって、根こそぎぶち殺して終わりなんだよ。オウムなんか全員とっくに射殺されてたはず。

DaiGo　名前が変わっても、あんなにばらまいた人たちが未だに活動できている国は日本ぐらいですよね。

苫米地　アメリカだったら恐らくサリンをまいた瞬間に、今のイラクと同じだ。誘導ミサイルが上九一色村に飛んで行って、爆発して終わりなんだ。あとは一人残らず暗殺されている。それが世界の通常の先進国だ。オウムはテロリストでしょう。オウム系のものをのさばらしている国は世界じゅうで日本しかない。

オウムの信者をあれだけ解いたから、当時ハーバードの医学部学部長に「おまえ、うちに来ないか」と言われて、助教授のオファーまでもらっていた。その後、日本でバッシングされて行けなくなった。そのとき「オウムの問題があるので、どうしましょう」と医学部長に言ったら、「わかった。おまえはフロイトよりも貴重なデータを集めているのだから、それを世界に報告する義務がある。それをやってこい。終わったら戻ってきてうちの助教授になれ」と言われたけど、終わったときにはトップが替わっていた（笑）。「何だ、アララ」みたいな。

そう言われたぐらい貴重なデータ。アメリカだったらそんなカルトは存在し得ない。だからこそ実際に経験を積んだ脱洗脳の専門家は恐らく世界じゅうで私しかいない。それは、オウム事件があったからなんだ。オウムを生かしておいたからだ。

メンタリズムでは、あくどい人は生かさず殺さずです

DaiGo　行き当たりばったり感は、僕もわかるんですよ。ちょっと前に『SPA!』という雑誌でそのタレントさんの問題を聞かれ、「何で僕に聞くんですか」と聞いたんです。「今話題の洗脳の話の解説をメンタリズム的に」と言われて、それは苫米地さんに聞いたほうがいいんじゃないかなと思ったんです。

後から報道があって、「なるほど、聞けなかったから来たんだな」と思いました。メンタリストの中にも信者をつくる人たちがいますが、彼らは信者を絶対に殺さないんですよ。メンタリズムの場合は、本当にあくどい人は生かさず殺さずなんです。結局、食いつぶしちゃったら意味がないわけですよ。

苫米地　やくざが覚醒剤を売らせないのと同じだな。

DaiGo　そういうと、大分イメージが悪いですから。人は、だれかに自分の話を聞いてもらいたいし、自分のことを話してもらいたいというのがあるので、そこは占い師的なところですね。いい占い師って、客のリピート率が高いじゃないですか。あれも苫米地さんのおっしゃ

るとおり、システマティックにできていて、当てるだけ当てて帰すというのが下手な占い師のやり方で、彼らは最後に「私に聞きたいことある？」と聞いて、もう1回当たったところを引用します。

「私はこれからどうすればいいんでしょうか」「私はさっき、こうでこうでこう言ったわね。そして、さらにこう言った。だから、あなたにはもう答えが見えているはずよ」。何も言っていないいんですけど、自分が当たったところを復習させることで、占いが当たった部分の記憶を強化し、定着させます。同時に、外れた記憶を忘却しやすくなります。このようにして、うまい占い師はリーディングの的中率を上げていくのです。

最後に、「多分来月の20日、いや23日に長谷川さんという人に会いますよ」という細かい予言をしておくんです。人間の記憶って、20分で42％も失われてしまうので、ほとんど残らないんですよ。でも、そういうふうにくさびのように打ち込まれた情報が、翌月の末ぐらい、23と言っていたのに21でも22でもいいんです。長谷川さんじゃなくて、服部さんでもだれでもいいんです。何か自分がピンとくる人に会ったら、そのとき言われた予言の細かい情報に理屈をつけてしまって、また占い師の所に戻っていきます。「先生のおっしゃるとおり、こうなりました。ありがとうございます」と言いに来るんです。本当は占い師の予言が当たったわけではなく、自分が無意識に記憶を加工し、こじつけているにすぎないのに。

それは自分の話を聞いてもらいたいから報告しに来るわけです。自分がやっていることが間違ってないというサポートが欲しいんですね。だから、終わらないカウンセリングのようなものです。

苫米地　鍼灸師がまた来ないと肩が凝るようにあえて鍼を打っているのと同じ（笑）。

DaiGo　確かにありますよね。

苫米地　今の日本の現状で言うと、シャーマン系の占い師たちはグループでやっているんだよね。彼らはカネが目的で「あした何時ごろに新大久保あたりに行くと、カッコいい韓流スターのような人に会って、その人の名前は○○ですよ」まで当てる。でも全部仕込みだから。彼らは中心メンバーは4、5人だけど、10人、20人のネットワークをお互いに持ち合っている。占い師はたくさんネットワークを組んでいて、そういうエキストラ部隊がいるわけですよ。

DaiGo　実はメンタリストもそうなんですよ。海外のメンタリストたちは、打ち合わせまでするのは相当な人たちですが、顧客リストを持っているんです。40代女性はどういうアクセサリーで、どんな格好で、既婚で子どもが3人いたら、こういう悩みがあるというリストがある。経験則に基づく統計みたいなものです。それを当てはめていってデータを入れると、こういう悩みを持ちやすい、それに基づいて当てていくというのがシステマティックな方法です。

破壊的なほうは、アメリカで一世をふうびしたラマー・キーンという超能力者がいます。彼

アメリカで一世を風靡した超能力者ラマー・キーン

占い師のネットワークの話が書かれている本『サイキック・マフィア』

もメンタリズムの技術を最初は悪用していました。

苫米地　占い師のネットワークの話は『サイキック・マフィア』という本に大体出ている。ネットの前だから、昔、ホラリスカードというＩＢＭの紙のパンチカードを使って、あれに全部データを書いていたものをお互いに電話で共有し合うというネットワークが全米に広がって、そのトップリーダーがやっていたことを明かしちゃった本なんだ。降霊時にトランペットを吹くとか何とか。あれを読むとよくわかるよ。

DaiGo　あれはすごくおもしろい本です。

苫米地　インドの人たちもそうだ。『アガスティアの葉』を読む人たちはホテルのフロントとかとデータがつながっている。インドではボロボロの家なのに裏に行くとちゃんとネットがつながっている（笑）。

DaiGo　情報源がちゃんとあるんですね。

苫米地　電子化されているけど、ボロボロの家に住んでいる（笑）。

DaiGo　調べた情報をどう出すかなんですね。さっき苫米地さんがおっしゃったような行き当たりばったりの洗脳をかけていくような人たちは、メンタリストから見ると、やり過ぎなんですね。例えば、「明日この駅に行って、こういう名前の人に出会う」などというのはやり過ぎです。

その前段階として、相手の判断能力を落として、変性意識状態の軽いところに入れた状態でやらないと、「いや、これは話としてでき過ぎでしょう」ということが起こりますが、メンタリストは前提をつくっておいて、やり過ぎてはいけないというのがあるんです。

よく超能力者があえて失敗します。「調子が悪い」とか「見えない」といって時々失敗するのは実はメンタリストの中で、ある時代にでき上がった技術なんです。わかっていてもあえてずらしたり、あえて失敗することによって、本物であるようなリアリティーをつくり出す。メンタリズム的な演出論ですね。

認知科学の父、ロジャー・シャンクのもとで学んだ日々

DaiGo 大学は慶應だったので、さまざまな大学から文献を取り寄せられました。取り寄せた苫米地先生の文献を研究室に持っていきました。うちは物理系だったので、「おまえ、何を借りてきているの」と突っ込まれたことがあります。物理系の部屋で苫米地先生の本を一日じゅう読んでいました。真空蒸着の実験には何時間も待ち時間がありましたから。教授に、「自分の専門よりよっぽど勉強しているんじゃない」と言われたこともあります。

苫米地　違う専門を1個持っていたほうがいいから。

DaiGo　苫米地先生が認知科学をやられたころはちょうど発足した時期ですか。

苫米地　認知科学ができたとき。最初かどうかわからないけど、最初の3つぐらいの認知科学研究所のひとつができたのがイエール大学で、そこに行った。認知科学という言葉ができたころだね。

DaiGo　できたころは、いろんな分野から専門家のプロが集まってきたのでは。

苫米地　物理学もそうだし、人工知能プロたちと一緒に動き始めた。当時人工知能に米軍がカネをつけたから、おかげで隣にいた認知科学が潤った。予算は人工知能のプロジェクトに回っていた。イエール大学にいたとき、人工知能研究所と認知科学研究所の両方の研究員だった。

DaiGo　本職の大学の研究は人工知能系なので、それで興味があったんです。

苫米地　すでにあるパラダイムは行動主義、実験主義だから、その人たちに代わって認知科学が生まれた総本山のひとつが当時のイエール大学、もうひとつがカーネギーメロン大学。それと、イエール大学は、医学部で臨床心理をガンガンやっていて、認知科学はコンピュータサイエンス学科の中にできたプログラムで、心理学科じゃないんだ。それから、心理学科が参加して、今は心理学の基礎パラダイムになったけど、心理学の基礎パラダイムはこの2つが基礎をつくった。すごいことだよ。

DaiGo　もともと計算機系の人が多かったんですよね。

苫米地　そうそう。私の指導教授のロジャー・シャンクは、計算機科学科の学科長で、認知科学の父のひとりと言われている。人間の心をいかに機械で再現しようかという人工知能が始まって初めて、まじめに人間の心をIQの高い学者が勉強するようになった。

DaiGo　僕の大学での専門はスピングラスという金属材料の研究でした。スピングラスは、次世代の記憶材料として期待されている金属で、メモリー効果やエイジング現象など、特異な記憶現象を示します。

具体的には、ひとつのメモリセルにより多くの情報を記憶できるようになる多値記憶や、エネルギー構造に基づくネットワークによる連想記憶などです。

僕が特に興味を持ったのがこの連想記憶です。人間は『青』という言葉から『海』『空』など様々なものを連想することができますよね。これは、人の脳内のニューロンのネットワークによるものと考えられています。

スピングラスのエネルギー構造は、このニューラルネットワークと数学的に等価であることが証明されており、研究が進めば、人と同じような連想を行う人工知能が実現する可能性があるのです。

苫米地　結構うまくいっているの？

DaiGo 実は、1回暗礁に乗り上げて、今スピントロニクスの発展のおかげで、また注目されている。系が複雑過ぎて、シミュレーション計算ができなかったんです。2次元の系まではシミュレーションできるのですが、3次元のスピングラスになると、シミュレーションが難しくなる。

苫米地 複雑性が上がっちゃう。

DaiGo スピングラスのシミュレーションを行うために、様々な計算理論が開発されました。スピングラス研究は、むしろ計算理論の発展に貢献することになりました。

苫米地 メンタリズムじゃない話になっちゃった（笑）。

占い師とメンタリスト――「当てる」ことより外れた部分を消していって信頼を得ていく

DaiGo 苫米地さんの前でメンタルな話はなかなかできないですよ。何をお話ししましょうか。

苫米地 好きにしゃべっていいよ。

DaiGo 僕がしゃべっていることは、学部生のときに必死に研究室で読んだ苫米地先生の本の内容が入っています。下手なことを言ったら、「よく読んでいるね」と言われそう。毎日読んでいましたし、とても勉強になりました。

苫米地　占い師がどういう技術を使うかというのを解説した本もある。

DaiGo　そうですね。例えば占い師が相手の心をつかむのに10個やるとして、何個当たっていたら当たっていると思いますか。10個中いくつ当てたら当たる占い師だと思いますか。自分が信じてほれ込むほど当たる占いだと思いますか。

――8つでしょうか。7割、8割だったら結構当たったと思いますよね。

DaiGo　と思いますよね。実はもっと少なくていいんですね。2つで十分なんです。

苫米地　とある占い師にはまっている有名人に最近会って、その占いの話をした。占い師は大体2割、3割しか当たらない、通常2割ぐらいで、3割当たったらメチャクチャすごい占い師。ちなみに我々科学者は1個でも外れたら仕事にならない（笑）。100中100でなきゃいけない。実際占い師でラスベガスへ行って大金持ちになったやつがいるわけ？

ただのギャンブルだって2分の1の確率を3割に下げてしまったら、大損こく。株だって上がるか下がるかの2分の1の確率。だから5割当たりでは食えない。「占いに頼らないでギャンブルをやったほうがまだましだよ」と話してあげたところ、「そうですね」と言っていた。

DaiGo　星座占いが大好きという女の子に会ったときに、「星座占いより血液型占いのほうが当たる確率が高いよ」と言いました。「どれぐらい」と言われて、「数学的に3倍当たる」と言ったんです。これを言えば苫米地さんが今言ったことと完璧に同じだと思います。

つまり、同じ人間を4つのタイプに分ける場合と、12通りに分けるタイプだったら、数学の確率的に3倍なんです。前にお話ししたとおり、人の記憶は加工されやすいのです。メンタリズムを利用すれば、主観的な的中率は上げることができますから、2割も当たれば十分です。

10個中2個しか当たらなくても、人の脳の中で残りやすい記憶と強い感情が結びついた記憶は残るじゃないですか。占いのセッションって、大体15分から30分ぐらい、20分ぐらいが一般的です。10個中2個しか当たってなくても、20分たったら外れた5つを忘れるんですよ。そうすると、5分の2だから、結構いいところまでいく。

そして最後に占い師は、「何か聞いておきたいことある?」と、復習させます。余計な記憶が消えたところで、当たった記憶をもう1回復習させるんです。別に最後に相談に乗るわけじゃない。「そうだったんですね。わかりました」と相手が言います。それは自分で言わせることによってもう1回インプットさせているんです。

家に帰って家族や友達に話すときには、さらに20分以上たっているので、5個中2個当たった部分の外れている2・5個は消えるので、2・5分の2、ということは80％オーバーの的中率になってしまうんです。

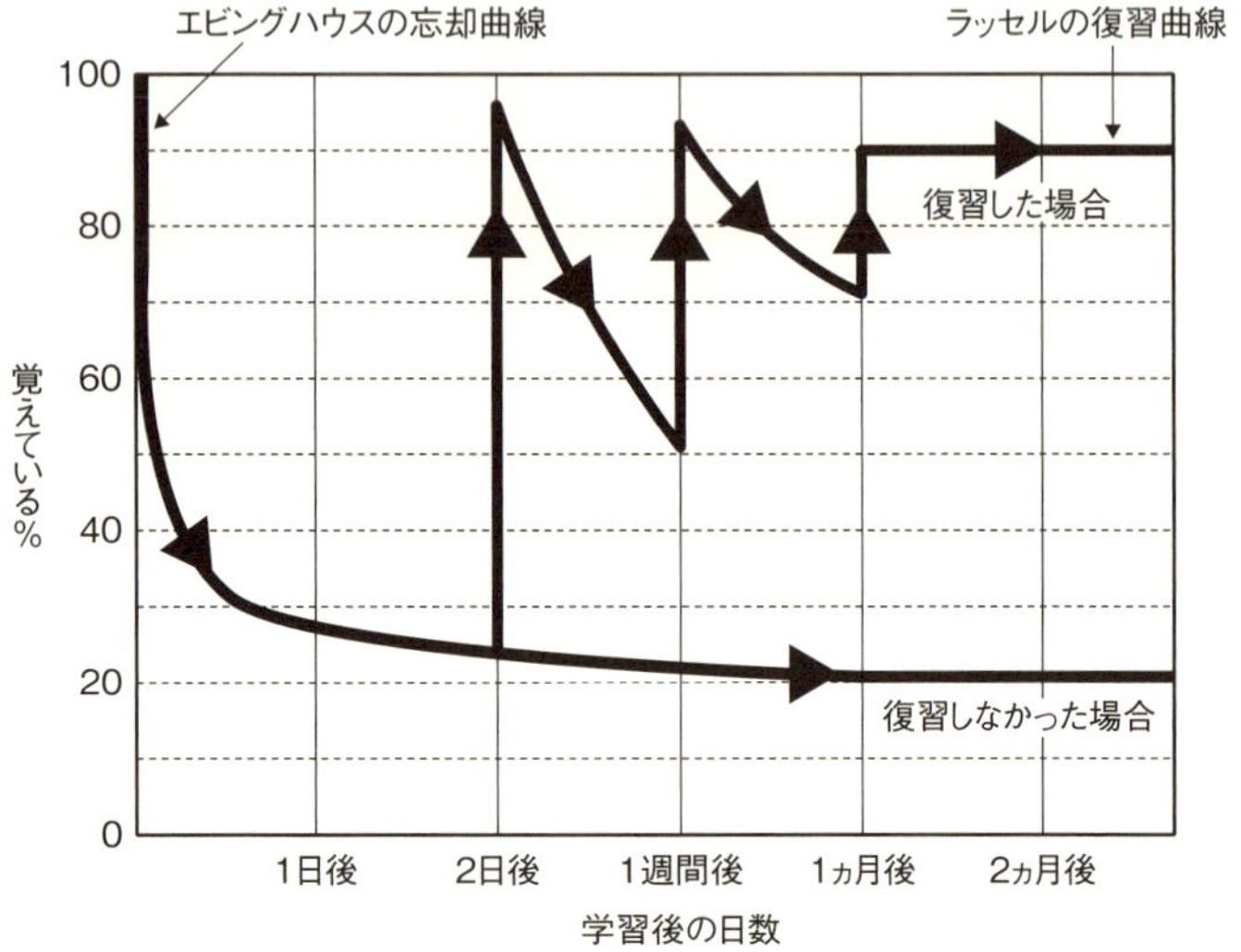

「心理学者エビングハウス博士は、人間の記憶は20分間で58%まで低下するといいました。記憶に残るのは印象の強い事柄と、何度か繰り返し体験したことだけ。それも時間とともに薄れますが、定期的にそこに触れ、強調してあげると、今度はその記憶が定着するのだそうです」(『人の心を自由に操る技術』DaiGo　扶桑社刊より)

そうやって**うまい占い師は、当てるというよりも、外れた部分を消していくプロセスをつくることによって信頼を得ています。それはメンタリズムのやり方です。**メンタリストは経験則でこの手法を導き出しました。心理学的観点から見ても、人間の記憶の忘却を示すエビングハウスの忘却曲線、復習による記憶の強化を示すラッセルの復習曲線などから、この手法の有効性は証明されています。

メンタリストはメモに書きます。別に書かないで、目をつぶった状態で当てるというのもいいんですけれども、書くのは当たった記憶を残しやすくするためなんですね。物を覚えるとき、例えば英単語を覚えるときも、自分の言葉でしゃべり、単語を見て、自分の手で書いて覚えたほうが定着率が高い。だから、当たった体験をより刻み込むために書かせ、持って帰らせるんです。家に帰ったら捨てるにしてもポケットから出したときに、「あ、当てられたな、そういえば」と落とします。こうすると、普通に一発当てるだけと比べて3倍以上頭の中にインプットできる。そういう細かいところを積み重ねてつくっていくのがメンタリズムです。

そういう意味では、さっき苫米地先生もお話しされましたが、相手を傷つけるような方法は繰り返せない。だから、メンタリストたちは選択しません。行き当たりばったりなカルトの人たちは、成功率が低いとか高いとか関係ないですものね。

苫米地　薬物を使ったりするからね。普通に薬物を使わないで、今言ったようなやり方をいっぱい使っている。我々が洗脳を解くときはまさにその逆をやる。引っ張り出して、それに違う解釈を与えてもう1回刷り込む。

フォーク曲げは超能力ではなく、全部科学で理屈があります

DaiGo　メンタリストも、人によってやり方が全然違います。フォーク曲げから入る人もいれば、相手の表情を読んで何か当てたり、もっと危険な方法だと、信者とか自分の助手を使って相手のものを盗み、それを相手の家のどこかに隠します。それを当ててやるというやり方をする人たちもいる。

そうすると、2回当てられます。目を見て、「最近あなたは何かなくしたものがありますね。それはすごく大事なだれかとの思い出だったりとか」と言ったときに、指輪をなくしたことを当てます。その占い師は「それは暖かいところにあるイメージがあります。家にもしかしたら古い暖炉がありませんか」。全部知っているわけです。暖炉や家の情報を当て、なくしたものを当て、家の情報を当てる。しかも、本人も気づかないような場所にそれが隠れているということまで当ててしまうという演出の仕方で信頼を得るのです。

相手がかけたものを解くというのは、メンタリズムの観点からみると、かなり難しいことなんだろうなと思います。まさにフォーク曲げから入って信じてしまった人たちは、そのフォーク曲げの力を外から否定するのであれば、再現して見せるか、それを解説しなければならない。あ、違ったんだ、超能力じゃなかったんだと、新しい解釈を与えてやらなきゃいけない。つまり、相手の手を全部知っていなければできないのです。

だから、僕がいくらメンタリズムの話を説明したところで、離れたところから念じるだけでグラスを割るとか、瓶を置いて、「フン」と言えば、パーンと割れるとかを見せられて信じ込んだ人たちに、僕がフォーク曲げを見せていくら説明しても、「でも、あんた、グラスは割れないでしょう」と言われたら、それで終わってしまうのです。

そういうプロセスとしては、まさにかけるのは簡単だけど、だれがかけたかそもそも手順すらわからないものを解くのはすごく労力と知識が要ると思います。

苫米地　まあ、やり方があるんだけどね（笑）。

DaiGo　勉強させてください。それ、今度から僕使わせていただきます。「どうやってそのフォークを曲げているの」と言われたら、「やり方があるんですよ」と（笑）。

苫米地　一番簡単なのは、離れたところでレンガを折られたら、もっと離れたところでレンガを折ってみせればいいんだよね。そのときにトリックを解説してあげないとダメなんだ。トリックを解説してあげないとこっちが教祖になってしまう。

DaiGo　それはすごく苦しいところ。僕は最初から「科学です」と言っていますが、「絶対におまえ、うそついているだろう。超能力だろう」と言う人たちがいます。

苫米地　一発目は本当に驚かせて信じさせなきゃいけない。本当に折れて「先生、超能力者」ぐらいまでは感激させておいた上で、こんな簡単なトリックにだまされるんだというのを解説する。

DaiGo　ユリ・ゲラーがスプーン曲げをやっていたので、フォーク曲げにいったのです。かつての超能力者を超えるものを再現しなければ単なる超能力続編になっちゃうので。

苫米地　ナイフ曲げじゃなかった。

DaiGo　ナイフは1回やってえらい目に遭った。

――フォークの先が曲がるのはすごいですよね。

DaiGo　スプーンをフォークに替えて、ゆっくり曲げていたのをスピーディーに曲げて、ちょっと曲げて置くだけだったものを、グニャグニャな形にしてしまう。

一番の核が超能力の部分で、昔は超能力とか霊的なものという言い方をしていたものをひっくり返して、**「全部科学で理屈があるんですよ、あなたにもできますよ」と言ってしまうところが、僕らのメンタリズムと普通の人たちと違うところです。**

第二次メンタリズムをつくったユリ・ゲラー

エンターテインメントのそれ以前の歴史だったら、苫米地先生のほうが詳しいと思います。もともとメンタリズムは特定のジャンルではありません。最初に出てきたのは、1948年にピリングトンという夫妻が現れて、ラジオでテレパシーの実験をやったんです。それが第一次メンタリズムブームだったんです。笑い話なので、本当かどうかわかりませんが、イギリス生まれの夫妻で、戦時中に暗号作成のスタッフとして呼ばれています。

つまり、その2人がやっていたテレパシーは、「いいか、心を集中して、君と僕の心をリンクするから」とラジオで言っている日常会話がシークレットコード、つまり暗号になっていたのです。それで意思を伝え合っていった。それが最初のブームでした。

そのテレパシーから今度は予言がブームになりました。ユリ・ゲラーより前の人たちです。ラジオ局には大抵1人か2人のメンタリストがいて、ヒットという単位を持っていた。あのメンタリストは今週は3ヒットとか。つまり、3つ当てているということですね。ヒット数が高ければ高いほど優秀なメンタリストと言われている時代がありました。

そこからテレビが入ってきて、目で見えるビジュアルなものが求められるようになってから現れたのがかの有名なユリ・ゲラーです。彼が初めてメンタリズムというか超能力、念動力みたいな世界を持ってきたのが第二次メンタリズム。デービッド・バーグラスもそうですね。メンタリズムはメディアの発展とともに形を変えてきたのです。

スピリチュアルを科学に持っていった異色のメンタリスト、ダレン・ブラウン

DaiGo 最近の第三次のブームが、イギリスのダレン・ブラウンというメンタリストです。99年にテレビで初めてメンタリズムをやって、今まではスピリチュアルな力とか霊的なもの、精神的なプレゼンテーションが多かったのですが……。

苫米地 第三次のメンタリズムの正確なブームは2005年ぐらいから?

DaiGo ダレン・ブラウンが出てきたのが1999年で、そこからブームが起こりました。今までは、人は隠された力がある、みんなも頑張れば未知の力を引き出せて幸せになれるという言い方だったのを、ダレン・ブラウンは、「不思議な力? 何バカなことを言っているんだ。僕が見せた今のはすべて科学であり、理屈があり、そんな力は一切ないんだよ」と言ってしまったのです。それも、さっき苫米地さんがおっしゃったとおり、今までの超能力者やメンタリストをはるかに凌駕することをやって、それを言っちゃったんです。

いまだにほとんどのメンタリストは、ショーの最後には、「皆さんにもギフトはある。そのギフトを開発することで、今僕が見せた奇跡の力はあなたたちだって引き出せるんだ。自分の

心を信じて」と、スピリチュアルなプレゼンテーションをしているのです。ディスカバリーチャンネルでオンエアされた最近とても人気があるキース・バリーも同様です。しかし、ダレン・ブラウンは自分の番組の冒頭で「今からやるショーは、心理学や催眠、暗示、トリック、錯覚、ショーマンシップ、さまざまなものを使ったエンターテインメントです」と言って始めます。

——それにもかかわらず、人が公衆電話をとった瞬間、ガターンと倒れて、全く気を失って、だれが起こしても起きない。

DaiGo　あれは演出の一環としてやっているから、単なるCMみたいなものです。最初に、科学と言っておきながらも、催眠で電話をとっただけで倒れるというのは相当難しいと思うんです。先にかけておかないといけない。先にかけてやっているんだけど、そこはカットされる。でも、それを見せることによって、科学と言いながらも、混乱させる。そういう狙いもあると思います。

メンタリズムでは、専門用語でプリショーといいます。催眠だと、よくサクラを仕組んでおいて、かかりやすい人を入れたりしますが、**メンタリズムの場合は、先に暗示をかけ、相手を変性意識状態に落としておく。前もって暗示を入れておくわけです。**

苫米地　催眠を見せるわけじゃないからね。最初はかかった人を置いておいたって別にいいも

イギリスのメンタリスト、ダレン・ブラウン

近年人気があるキース・バリー

のね。

DaiGo　メンタリストは本人に、「きょう催眠術をかけますよ」ということは絶対言いません。「きょう、この後、番組の収録やショーで協力してもらうので、構わないですか」という普通の会話内に暗示が埋め込まれている。もしくは、**何かの情報が、表情やしぐさなどから引き出されていて、それを効果的に利用してショーを演出するのがメンタリズムなんです。**

Column-1

ミルトン・エリクソンと
ジェームス・ブレイド

催眠術の流れで言うと、旧タイプの催眠術を代表するのがいわゆるブレイド派と呼ばれるジェームス・ブレイドの流派であり、現代催眠術の祖とされるエリクソン派はその技法が全く異なる。手かざしのようなメスメルのやっていた治療を研究して、一点凝視から一種の催眠＝トランス状態に持っていくブレイドの催眠に対して、エリクソンの催眠は一つの言葉で自然に催眠状態に陥れるような洗練されたものである。催眠誘導が独特で、個別の対象に対してそれぞれの技法を駆使し、変幻自在なその技法で“魔術師”とまで呼ばれた。彼のテクニックについては、自身のポリオによる不自由さが、人の観察力の鋭さを培《つちか》い、言葉で人を動かす方法などで独自のものを生み出す要因となった、と言われている。常にクライアントを一人の個人として観て、ショー的な催眠のありかたを否定した。

現代催眠の父
ミルトン・エリクソン

Part - 2

超能力は存在するのか？

「宗教と仕事は別だ」という科学者たちが超能力を定義している

DaiGo　超能力は存在するのかという話です。僕も理系なので、定義から入るのが好きですが、超能力って、何なんですか。

苫米地　ほかの人たちが当たり前だと思っているレベルをはるかに超えてできれば超能力になってしまうから、時代によって解釈が違う。

DaiGo　「はるかに超える」というレベルがあるんですか。

苫米地　「超」だから。ほんのちょっとじゃダメなんじゃない。偶然とか、そういうのじゃダメだと思う。

DaiGo　超能力も大きく分けて2つと言われています。ひとつはESP（超感覚的知覚）、超感覚、透視、予言など、主に人の精神に関係するものです。もう1つが、PK（サイコキネシス）という念動力、現実世界に干渉するみたいなもの。僕がやっているフォーク曲げはPK（念動力）なんです。苫米地先生のお考えでは、もしあるとしたら、ESPとPKと、どっちのほうがあり得ると思いますか。念で動くのか、それともメンタルなものなのか。

苫米地 メンタルは全く不思議じゃないと思う。一般に超能力という場合、英語で何の訳をしているのか、例えばパラノーマル（超常的）なことだったとしたら、ノーマルじゃないだけでしょう。そのときのノーマルは、恐らく科学者が定義するノーマルになってしまう。

私のさっき言った定義だと、一般の人がどう思うかでしょう。そうすると、科学者は超能力者になってしまう。ニコラ・テスラだと明らかに超能力者になってしまう。エジソンだって、電球でいきなり明るくするんだから。でも、エジソンやテスラを超能力者とは言わない。

我々がパラノーマルというときのノーマルは、自然法則をノーマルといっている。自然法則は、「その時代でここまでが自然法則」というラインが引かれているわけだ。今のレベルでいうと、テレキネシス（念力）は自然法則に従っていない。例えば透視は微妙かな。相手が物理的存在だから。2人の間での通信であれば、情報同士でしょう。そうすると、ノーマルの定義の外なんだ。西洋的伝統で自然科学的なノーマルの定義は自然科学しか扱っていない。あとは宗教の仕事なので。

最初からノーマルか否かの範疇の外だから、ノーマルか否かさえ言っちゃいけない。バリバリの物理学者が一方で、「死んだ人が生き返った宗教」を当たり前に信じているわけでしょう。

DaiGo 科学者の視点から見ると、興味深い話はいっぱいありますね。

苫米地 「7日で宇宙ができた」という話を本気で信じているまじめな科学者はいっぱいいる。

交流発電機でエジソンと対立したニコラ・テスラ博士。石油の利権を手放したくない権力者は、フリーエネルギーを封印し、テスラは歴史上から抹殺されたとも言われている。

トーマス・エジソン。エジソンはテスラのフリーエネルギー発見を真似して、電気を発明したのか。

物理の話だからありと思うかどうかは別として、少なくとも情報空間の話、精神の話は、西洋的にはノーマルの定義の外なんだ。先ほどのテレキネシス（念動力）みたいなものはパラノーマル（超常的）。もともと物理的にあり得ないと現代の物理学で言うわけだから。

DaiGo　物理であり得ないこと、自然法則であり得ないことが起こっている。

苫米地　だから、超能力と彼らは言えるわけだ。だけど、「人間と人間の精神での通信」はあり得る、「精神空間については、あり得ないということを物理学は言いません」というのが西洋の話。言い換えれば、量子の加速器実験をやっているヨーロッパの科学者が、土日は教会に行って天国に行けるように本気で祈っている。

DaiGo　そういう科学者たちはどう考えているんですか。

苫米地　「宗教と仕事は別だ」と言う人たちが超能力というものを定義するわけだから、物理空間で閉じる話しか超能力と言わない。それ以外も超能力なんだけど、超能力か否かという判断をしちゃいけない。だから、逆に普通の人がどう思うかという私が最初に言った定義のほうが超能力の定義としてまだ理解しやすい。

DaiGo　僕らメンタリストは、先ほどの苫米地先生が偶然性を排除しなければならないとおっしゃいましたが、**メンタリズムではこの偶然性も利用して、人の心理を誘導します。偶然起こったことを、まるで自分の能力で引き起こしたかのように見せるのです。**本来のメンタリストは、熱狂的な信者を作ることを目的として誘導を行います。ですから、100人中100人を信者にしようとは考えません。自分を盲信してくれるのであれば、100人中3人しか信者にならなくても構わないのです。

苫米地　100人中3人信者になったらそれはすごい。イギリスで統一教会がカルト認定されなかった理由は、イギリス政府が調べたら、勧誘した人が1万人に1人ぐらいしか信者になっていないから。1万人に1人、そんなものはカルトじゃないということで、統一教会はカルト認定されなかった。

DaiGo　1万人の中の1人が、どれだけ深く入っているかというのは別として。

苫米地　そういうレベルは政府にはどうでもいい。人数上何人勧誘して何人入会したかだ。10人に1人はすごい。いきなりカルト認定されるよ。

DaiGo　超能力だと、サイコキネシス（念動力）はあり得ないけど、ESP（超感覚的知覚）はあるかもしれない。

苫米地　私は東洋人だから、ESPが超能力とは思わない。そんなの当たり前だ。うまい下手の差があるだけで。

DaiGo　勘の鋭い人が空気を読める人みたいな話題になりますね。

苫米地　そうじゃなくて、ちゃんと地球の裏側の人がどう思っているかということまでわかるレベルと、隣の壁を隔てたぐらいまでしかわからないレベルの差であり、うまい下手という話。

DaiGo いわゆる一般人から見た超能力のレベルでうまい人たちですね。

苫米地 私はそれを超能力とは思っていない。それは東洋的にはそうだと思う。

DaiGo それは今後科学が発展したり、人類が発展していけば解き明かせるものなんですか。

苫米地 逆だと思う。**科学が発展したことによって、超能力を解き明かせなくなっている。**発展すればますますわからなくなってくると思う。

DaiGo 何ででしょうか。

苫米地 コーチング用語でいうスコトーマだよね。科学という知識がそれに対する認識能力（センシティビティ）を下げていっていると思う。

DaiGo 一種の灯台もと暗し、盲点みたいなものですね。

人間に超能力があるのは当たり前。
人間と人間の間でグローバルな通信があるはず

苫米地 もともと超能力は人間にとって当たり前のことなのに、わざわざ科学が、テレキネシスは超能力だと言う。**科学というパラダイムが、逆に人間というものの能力を定義してしまう。西洋科学の定義の人間は、個人の人間。私の定義は、人間は人類全部合わせて人間。**人類合わせて人間が通信しちゃうのは当たり前だ。

DaiGo　集合無意識のようなものですね。

苫米地　ユング的に言うならそうかもしれない。細胞ひとつ取り上げて、細胞と言われても、隣の細胞とコミュニケーションしています。そんなはずはない、細胞の中の通信能力を教えろと言われても難しい。

DaiGo　そう言われれば、人間の体の細胞って全部バラバラなはずですけど、まとまっていますよね。

苫米地　そうだよ。通信している。ただし、その通信が、わからないレベルで通信している。細胞と細胞の間でのイオン現象みたいな通信はもちろんわかる。そうじゃなくて、何で爪先の細胞は爪先になるのか、鼻の細胞は鼻になるのかということは、いまだにわかってない。

DaiGo　分化の過程ということですか。

苫米地　そうそう。その場所に行くとちゃんとその役割を果たす。今自分がどこに行くというGPS機能を持っていないわけだから。逆立ちしたら鼻がおちんちんに変わるかというと、変わらない。ちゃんとしたトポロジカルな情報空間で、私はそれを「情報場」と呼んでいる。ドクター苫米地ワークスDVD240分しゃべったぐらいの話題。情報場という概念からそれを説明しようと思っている。

物理空間の場ではない「情報空間の場」というのが、あると私は思っている。西洋的な科学は、物理空間の場のことしか説明していない。情報空間のところは、宗教の仕事なので、タッチするとぶっ飛ばされるみたいなね。だから、加速器で量子の実験をしているCERNの科学者が土日は教会に行って、お祈りすれば天国に行けると信じているという不思議な世界が西洋でいまだに続いているわけだ。

そういう意味では、私は人間と人間の間の通信は、細胞と細胞の間の通信と何の差もないと思っているから、個人の中で、自分が成長している間にちゃんと髪の毛は髪の毛になる。爪先は爪先になる。それはどういうふうに通信されているのか解明されていない。物理的な細胞間のイオン化のようなローカルな情報じゃない。はっきり言って、もっとグローバルな情報処理がある。

そういう意味で、何で人間と人間の間を超えられないのか。超えられないと思うほうがおかしい。**人間という1つの種は細胞の集合体である生体と同じだから、人間と人間の間でグローバルな通信がされているほうが当たり前だと思う。**そうじゃないほうがオカルトだと私は思っている。

DaiGo　確かにそうです。大分見え方が変わってきます。

苫米地　西洋的な定義での超能力のほうが、わけがわからなくなってくる。無理やり科学のパラダイムをつくっているから。だから、常識的な定義の超能力という定義のほうがわかりやすい。一般の普通の人がそんなことをできるはずがないということができること。だから、メンタリストも超能力者になる。エジソンやテスラと同じ。タネを明かさなければ超能力者になる。

DaiGo　確かに、彼らも理論を論文で出さないで、いきなり変な球体を出してきて、パッと明るくしたら超能力ですね。

苫米地　そのほうがわかりやすいと思う。

DaiGo　感じ方によって大分変わってきてしまうということですね。

苫米地　ただ、どちらにしてもそれは技術であって方法論だと思っているから、すべての超能力は最後はタネを明かしたら超能力じゃない。ただ、そのやり方を本人が説明できないかもしれないし、理論化されていないかもしれないけれども、結局はだれでもできる。

DaiGo　超能力者の中も二分されていて、今、苫米地先生がおっしゃったように、すべて理解して行っているのがメンタリストと呼ばれ、直感や経験則だけで同じことを行う人たちをシャットアイというんです。

苫米地　いい言葉だ。

DaiGo 直感だけでやっている。でも、バックグラウンドを調べてみると、子どものころに虐待を受けて、親の表情を見る力が上がっているとか、必ず根拠があるものなのです。

今までスピリチュアル寄りだったメンタリズムをサイエンスにシフトしたダレン・ブラウン

DaiGo ダレン・ブラウンはイギリスで活躍している、世界一のメンタリストです。1999年から2000年にかけて、イギリスのTV番組に出演したことでブームになりました。それまでのメンタリストは、先ほどの宗教の話に近いですが、パフォーマンスを見せて、「人間にはこういう未知の力があるから、みんなも可能性があるんだよ」という言い方をしていましたが、ダレン・ブラウンだけは例外で、そういう超常現象を見せた上で「不思議な力？　何を言っているんだ。僕が今見せたのはすべて科学とロジックによるもので、不思議な力なんかどこにもないんだよ」と言うのです。

番組の中でもタネ明かしとまではいきませんが、原理を見せたり、NLPの解説を入れていくことで、今までスピリチュアル寄りであったメンタリズムをサイエンスにパラダイムシフトした人です。ダレン・ブラウンが初めてだと思います。

ダレン・ブラウンは、心理的なポケットやトリックを使ったメンタリズムも行います。ダレン・ブラウンが人に道を聞くんです。道を尋ねている間に、大きな看板を持った工事の人たちが通り抜ける際に、ダレン・ブラウンが別人と入れ替わります。

しかし、道を尋ねられていた人間は、このことに気づかずに、そのまま何事もなかったかのように説明を続けるのです。「道を尋ねられたこと」に注意が向いているので、「誰に道を尋ねられたのか」ということには注意が向いていないのです。本当に気づかないんです。白人から黒人にかわっても気づかないこともあるほどです。

他には、ドキュメンタリーを装い、地下鉄内で乗客に話しかけます。まずは降りる駅を相手に尋ねます。そして、ダレン・ブラウンは30秒程度の会話の後、相手に再度降りる駅を尋ねますが、相手は答えることができない。30秒程度の会話の中に様々な暗示が含まれており、一時的な忘却を起こしているのです。一種の催眠術のようなものですね。それから、これは番組をつくるための心理的効果だと思うのですが、リアリティーを出すためにあえてミステイクを入れるという方法も使う。ミスすらも心理誘導に利用するわけです。

ダレンはメンタリストの中でもかなり異色な存在です。僕がメンタリストになったのも、彼がきっかけです。僕は超能力とか、いわゆるうさんくさい形での霊能力的なものは嫌いで、興味なかったのですが、ダレンの場合は、「そこまで言ってしまうのか」と感心します。

テムズ川での演出。街頭で、背中合わせになって、ダレン・ブラウンが何か書いてから観客に自由に行動をとってもらうが、観客は書いた通りの動作を行うという不思議なパフォーマンス。「超能力」にしか見えない。
Derren Brown-Amazing Movement Prediction
http://www.youtube.com/watch?v=4_HbZKrpvlE&sns=em

別なメンタリズム・パフォーマンスでは、通行人とダレンがじゃんけんをします。もちろんダレン・ブラウンが全部勝ちます。さらに、相手が何の手を出して負けるかまであらかじめ、予言されているのです。

苫米地　その次のステップに行くために、NLPを始めたリチャード・バンドラーは中南米でシャーマンの弟子になって学ぼうとした。そんなことしなくても東洋にはいっぱいそういう技術がある。

――東洋の技術というのはどのあたりに隠されているんですか。

苫米地　チベットやインド、日本にも古武術などにある。言語を使わないで、相手に無意識に書き込む技術。

DaiGo　今まではこういう理屈は公開されませんでした。これを初めて公開したのが、ダレン・ブラウンで、僕がメンタリストになったのは彼のメンタリズムを見たことがきっかけです。うちのマネージャーが動画を見つけ、その後、スリーコールという研究チームをつくって研究するようになりました。

苫米地　NLPというのはもともとはミルトン・エリクソンの技術をベースにしている。

マネージャー　テムズ川沿いのシーンは言葉を使ってない。あれを苫米地先生に見てもらって、解説してもらいたいです。

苫米地 非言語もやっているの。

マネージャー わからないです。現場のところを編集でカットしているのかもしれないです。相手が次に何の行動をとるか。何らかの会話はしています。背中合わせで、何か書いてから自由に行動をとってくれと言うと、頭に手を置いたら頭に手を置く。片足で立つみたいなものを書き続けていく。超能力にしか見えない。

DaiGo 見えないですね。どこに暗示が入っているかわからない。

言語的暗示を入れるのはそう簡単にできることではないですね。よくある心理学や行動心理学的に加えて、それをしゃべる声のトーンやジェスチャーなど、様々なものが必要になってくると思うんです。

苫米地 トランストークというんだけど、あえてトランスに入れるしゃべり方がある。

——トランストークというのはどういうものなんですか。

苫米地 いっぱいある。東洋的なやり方で言うと、2つ以上の音程で同時にしゃべること。

DaiGo 2つ以上の音程で人間がということですか。

苫米地 低い声と高い声を同時に出す。

DaiGo 低い声と高い声をまぜるということですか。

苫米地 そうそう。人間の声はもちろん全周波数入っているけど、その中でピークをわざわざ

2つつくる。

DaiGo　うねりをつくるということですね。

苫米地　あと、速度とかもいろいろあるけど。ただ、ダレン・ブラウンの場合は、最初の段階で何か仕掛けた。NLP的な話し方だけじゃない。会ったときに何か仕掛けていて被験者を選んでいる。

DaiGo　入りやすい人をですね。

苫米地　これもショーで、たまたま道端にいた人のように見えるけど、あれは全部エキストラで集めている。暗示性の高い人を。

DaiGo　暗示性の高い人が集まっているということですね。

潜在意識に働きかける方法

DaiGo　高い声と低い声を同時にしゃべるトランストークは潜在意識に働きかけるのですか。

苫米地　それは西洋的なやり方。東洋のやり方は言語を介在しない。イメージを直接操作する。そういうやり方が東洋の伝統の中に最初から含まれている。

DaiGo どういうふうにやっていくんですか。

苫米地 身体性。気功と同じで、例えば手を上げさせたかったら、手に気を送ると手を軽く感じる。気が変わって動かすと体で気を感じるでしょう。

DaiGo 一種の催眠的なものも入ってくるのかなという感じがします。

苫米地 催眠的なものと同じだけど、催眠のヒプノシスという英語はジェームス・ブレイドという外科医以降のやり方で、やり方についた名前。現象についた名前じゃない。これを誤解している人が多い。**催眠術で引き起こされた変性意識を催眠現象という。**

すべての変性意識は同時に広い意味での催眠現象だ。催眠という言葉がしっかりと定義されたことが一度もないから、そういうことになる。心理学者でプロの催眠術師はいない。心理学をやっている人はだいたい催眠が下手くそだ。定義さえ誤っている。

催眠術の西洋的なやり方は、エリクソン派か、ジェームス・ブレイド派。アメリカでは、ヒルガードとエリクソンの2種類しかない。もちろんヨーロッパのメスメリズム(磁気治療)を入れるんだったら入れていいけど、それにしたって、3つぐらい。そこで引き起こされた変性意識を催眠状態といい、催眠現象という。つまり、技術についた名前。

DaiGo つまり、変性意識に落とし込むにはほかにも様々な手法があるということですね。

苫米地 意外とそこは西洋で誤解されている。

DaiGo　東洋のわざが世界的に認知されてないということですか。

苫米地　できる人はショーをしないから。日本では武術の一部として進化してきたから。見た人はすでに死んでいる。古武術は明らかに催眠だから。

DaiGo　それは体の動きなどに隠されているということですか。

苫米地　エリクソン派催眠誘導で握手をするハンドシェイク・インダクションがあるでしょう。あれは古武術でいう小手返しだから。

DaiGo　確かに、宮本武蔵や、スポーツになる前の剣道、つまり剣術にはそういった概念がありますね。

苫米地　ミルトン・エリクソンが書いている最初のハンドシェイク・インダクションを見ると、明らかに古武術の小手返しのわざだ。どこで学んだのかわからないけど、彼は日本仏教に傾倒していたという話を長女がかつてしていたから、ミルトン・エリクソン自身が禅などを通して日本武術から学んだ可能性もある。

エリクソン派ではそういう技術は、小手返しだけで、隅落としとか、柔術のわざだけでも日本にはものすごくたくさんある。全部広い意味の催眠術だから。自分で飛んでいく。

DaiGo　すり足で、ゆっくりと動くことで相手には動いてないように錯覚させ、間合いを詰める方法がありますね。

古典的な催眠術の開祖ジェームス・ブレイド（1795—1860）

宮本武蔵の古武術も催眠だった。古武術の小手返しはハンドシェイク・インダクションに通じる。

苫米地 それも含めて全部催眠。ただし、それを催眠術と言わないだけ。忍術と言ったかもしれないけど、西洋的な方法ではない技術で引き起こされた変性意識だから。

DaiGo 忍術と言われると、近い感じがしてきますね。

苫米地 催眠術じゃないから。ブレイド・イコール・ヒルガードだから、ヒルガード的なやり方か、ミルトン・エリクソン的なやり方しか催眠と呼ばない。もちろんミルトン・エリクソンは実は東洋的なやり方を使っているが、西洋人はそれに気づいていない。

ミルトン・エリクソンも、言葉以外、すごく使っている。実際、ミルトン・エリクソンが娘のキャロル・エリクソンに、「Ｂｏｙｓは半分しか学んでいかなかった」と言っていたというのを私は本人から聞いている。そのＢｏｙｓというのはリチャード・バンドラーとジョン・グリンダーのＮＬＰをつくった２人のことだから、半分しか学んでないと言っているわけだ。残り半分というのは、私は非言語だと思っている。キャロルがどう思っているかは別として。

DaiGo エリクソンも言葉が通じない相手に催眠かけたりしていますね。

苫米地 彼はもともとポリオで、言葉は上手じゃなかった。

DaiGo 握手しただけで変性意識に落とすことができたというような書かれ方をしています。

苫米地 それはハンドシェイク・インダクションのことだと思う。ミルトン・エリクソンは１

９０１年生まれだから、すごく昔の人。現代催眠ではなくて、過去催眠だ。

彼は有名になったのがすごく遅くて、ベトナム戦争のときに彼のブリーフセラピーという、一度で介入的に治すやり方がアメリカの保険点数制度のもとでもてはやされたのが始まり。60年代にある程度有名になって、70年代から80年代に超有名になった。彼は有名になったころ、１９８０年に死んでいる。

70年代にアメリカじゅうを引っ張り回されて講演会をやっているから、日本にもそのころ来ていて、日本の精神科医たちがアメリカナンバーワンの催眠術師だと思って呼んでみたら、ただのボケ老人だったというコメントの記録が残っている。

人間という存在そのものに働きかける催眠術がある

DaiGo　変性意識の話に戻りますが、人気の漫画で『バガボンド』という宮本武蔵を描いたものがあります。あの中の、剣道でなくて、古い剣術の時代の話で、体移動とか思想とかさまざまなものから、どれだけ強い武人が来ても変性意識をとらえて、相手の前に入ったりすることで、人と人の変性意識がつながっていくスピリチュアルな描かれ方の部分がありますが、それは現実的にあり得ることですか。

苫米地 それが武術だし、外からの観察では恐らくわからない。だからエリクソンも、ボケ老人と言われた。晩年のミルトン・エリクソンはすごく腕がよかった。実際デモンストレーションで、日本の精神科医たちにすごいわざを見せたと思う。

言語のわざも名人なのは間違いないけど、ミルトンは晩年には言語を超えている。日本の精神科医たちは言語だと思っているから彼をボケ老人だと思った。「もう」とか「むう」とかしか言ってないから。実際はすごいわざを見せたんだ。

宮本武蔵は、最初のうちは技術だけだったけど、晩年になってから「言語じゃない」と学んだと思う。武術の場合は動きじゃないということ。動じゃなくて静のところ。

日本文化は全部静かなところ、間の文化。水墨画がそう。水墨画は何を見るかというと、筆を見るんじゃなくて、空間を見る。日本の美術は全部そう。線が2本引いてあったら2本の線を見ちゃいけない。2本の線の間の空間を見る。お茶も、お点前を見るんじゃなくて、お点前とお点前の空間を見る。日本は仏教から来ている文化だから。禅も含めて間を見る文化。空《くう》を見る。

――ブルース・リーが「自分がやっているのは格闘技じゃなくて思想だ」という話をしていました。映画のシーンではなくて、本人が実際に、動体視力、速いスピードで相手が出すものを手前で止めるという演舞を見せていました。この話をあるボクサーの人としたときに、ボクシングもお互いボクサー同士だと手を出している。でも、周りから見ていれば手は出していない。それはあくまで自分は右を出すというイメージをして、向こうは左によけた。でも、お互いに全く動いていないときがあると。

苫米地　それは武術と同じ。ただそれだと、相手とレベルが同じことが前提。古武術はそれじゃ、だめだ。相手よりはるかに強くなきゃいけない。

DaiGo　例えば宮本武蔵でも、対峙しただけで試合が終わる。

苫米地　戦わずして勝つから相手は死なないで済む。もちろん、相手が斬ってきたときはしょうがないから、相手が死んでいるとき。

　ボクサーの試合のような状況は人工的にしかあり得ない。たまたま同じくらいの体重で同じぐらいのランキングの人たちをマッチングしてやるわけだ。そんなことは戦場ではあり得ない。

DaiGo　確かにそうです。戦場は階級分けされてない。何が来るかわからないですものね。

苫米地　技術も全然違うから絶対圧倒的な差がある。それが実戦。圧倒的に強い人間になるために古武術を習得する。ボクサーみたいな予測しあうような動きが起きることはまずない。ボクシングは技術が対等だから起きる。実戦では大抵は始まる前に勝負は終わっている。それがまさに「間」ということ。実際は勝負があったと同じ。「出会ったときに終わっている」わけだから。

——催眠というと、あまり大きなイメージはないですけど、かなり広げて考えると。

苫米地 催眠現象という催眠は、厳しいことを言うと、ステージの上で生活のためにショーをやっている、昔で言うと見せ物小屋の人たちだから。見せ物小屋の世界が催眠の世界だから、見ている人もやっている人もエンターテインメントかビジネス。それも頭の悪い人向けのビジネスで、今で言えばテレビみたいなもの。そこで成り立つ世界。それを初めて変えたのが、恐らくミルトン・エリクソンぐらいになってからで、それは病気を治すようになってから。メスメルは例外的だけど。

病気は頭のいい人のほうがなってバカはそう簡単にならない、特に精神の病は。特にＩＱの高い人に対して催眠をかけなきゃならなくなったとき、やり方が変わってきた。それがミルトン・エリクソンのやり方で、それが今に通じている。ダレン・ブラウンは、ミルトン・エリクソンのやり方、頭のいい人に通じるやり方を覚えてきたことは間違いない。

今度はそこで失われているものがある。失われているというか、最初から気づかれていないと思うけど、**頭がよくても悪くてもかかるわざがあるということ。それは人間という存在そのものに働きかけるわざ。**言語はバカには効かない。英語がわからない人があそこにいたら、ＢＭＸは絶対選ばない（YouTube で Derren Brown NLP を参照）。

DaiGo そもそも何を選べばいいのかわかってないと思う。
苫米地 言語がわからない人に対して有効なのは気功師の仕事がいい例。

早いしゃべりのトランストークで変性意識を引き起こす

DaiGo 実際、ダレン・ブラウンも、日本のテレビ番組に呼ばれたときに、ダレン個人の出演料だけで2億円をくれと言ってやめたらしいです。つまり、来る気がなかったんです。英語が通じないから。
苫米地 それは無理だと自分でわかっているから、正直者だ。通訳者が自分と同じレベルの人じゃないとできないんだから、無理でしょう。
DaiGo 実際、ダレン・ブラウンはショーでヨーロッパを回るんですけど、アメリカには行かないです。
苫米地 小説家になった催眠術師の松岡圭祐は、もともとオーストラリアの催眠術師の通訳者だから。逆に言うと催眠が上手だから通訳ができた。
DaiGo マーティン・セント・ジェームズでしたか。

苫米地　そう。

――最初、『催眠』という小説でデビューしました。

苫米地　彼はもともと催眠術師の通訳者から始まった。そのうち見よう見まねで催眠が上手になったのかもしれない。一番いい訓練法。逆に彼が上手だったから、オーストラリアの催眠術師は日本で食えたわけ。彼が催眠術のセンスがあった通訳者だったからよかった。

ＤａｉＧｏ　ただ、翻訳するだけじゃかからない。

苫米地　彼自身が学びながら上手になったから成功した。ダレン・ブラウンの場合は、彼はかなり早口で、エリクソン派の影響がある。マーティン・セント・ジェームスのやり方はＮＬＰ方式ではなくて、伝統的なやり方。

――あの早口のしゃべりにも何か仕掛けがあるんですか。

苫米地　あれはコンフュージョンというやり方で、相手の情報処理の能力よりちょっと上で話す。キーワードの言葉だけつっかえたり、遅くしたり、相手の肩に触れたりして、そこだけを通す。言っていることはほとんど理解できないで、変性意識を引き起こしちゃう。あれもトランストークのひとつ。わざとちょっと早目にしゃべる。通常のトランストークはゆっくり目にしゃべるほうが起きやすい。

トランスがある程度つくられることがわかった相手だから、先にハンドシェイクか何かで仕掛けて、あとは早いしゃべりのトランストーク。トランストークといっても、変性意識を起こすのじゃなく、書き込んでいくわざだから、そのときは早口でわざとキーワードだけちょっとひっかけてしゃべる。

DaiGo　変性意識に落とした状態でキーワードだけ書き換えてあのように記憶を書き換えるのですね。

——ダレンの周りじゅうにサブリミナル的な出演者をイメージするものがいっぱいあります。あの仕掛けに関してはテレビ的なショーとしてつくっているのか、あそこにも意味合いがあるのか、どちらだったのでしょうか。

苫米地　それは念のためかもしれない。万が一うまくいかなかったときの言葉をうまく……。プロだったら十分やる。彼は現代の催眠術師だ。ただし、現代の催眠術師の親分たち、リチャード・バンドラーみたいな人たちが今発見して突き進んでいるのは、現代のアメリカ催眠術じゃない。東洋の変性意識のわざ。チベットだったりインドだったり、日本のわざ。

DaiGo　チベットやインドでは宗教的な儀式内にそういうものが組み込まれていますか。

苫米地　密教の方法の中に組み込まれている。それは密教だから。

密教も催眠術で、そのからくりに変性意識を使っている

苫米地　密教というのはあえていえば催眠術のこと。炎にドラゴンを出したり、病を治したり、空を飛んでみせたり、全部催眠術だ。それで導くわけ。もちろん最後は「この世は幻よ」ということを教えるため。上手に幻よと教えるためにはトリックがうまければうまいほどいいでしょう。それで、「ほら、幻よ」と、からくりを教える。「この世はこういうところなのよ」と、からくりを教えるわざとして、トリックがメチャクチャ上手になるのが密教だから。そのために変性意識を使う。

それは言語で引き起こせない人間の脳のもともと持っている性質を利用する。ジェームス・ブレイドの凝視法とか、みんなそうであって肉体的にもともと持っている特徴を利用するやり方。もうちょっと情報化されたもともと持っている情報をいろいろ利用するのが東洋的なやり方と言っていい。マントラにも入っている。

DaiGo　東洋のやり方を取り入れたメンタリストが現れたら、さらに一段上に上がる可能性がありますか。

苫米地　教祖になっちゃう。禅宗も広い意味では似ているけれども、曹洞・臨済の禅になったときにはそれを否定する方法論を選んだ。だから、禅宗は密教とは逆方向にある。同じ悟りの方法論だと、一番釈迦に近いのが禅宗だ。ストレートに、「空《くう》を体感しなさい」だから。密教は本来は釈迦の教えじゃない。釈迦が否定したことが密教。釈迦が否定したことを信者を獲得するために再度入れた。ただし、仏教から離れるわけにいかないから、あくまでも方便として使っているのが密教。からくりを使って火をたいたり、釈迦がやっちゃいけないと言ったことを密教は全部やっている。

DaiGo　護摩もたきますね。

苫米地　あれは全部釈迦の禁止したことだから。ただ最後にこれはカラクリだよと教えることで空を教える仏教になる。カラクリだよと言わなければただのカルト。

アメリカがLSDを禁止した最大の理由はそれが洗脳薬だったから

DaiGo　そういう意味では、例えばオウムの洗脳の技術はまた別なんですか。

苫米地　別じゃなくて非常に初歩的なもの。

DaiGo 洗脳と言われるような、そんなに高度なものではないのですか。

苫米地 洗脳が特殊なのは、変性意識を固定的にすること。本来変性意識は夜寝たら終わり。睡眠より深い変性意識はないから。目が覚めた後、また戻るように仕掛けるわざはいっぱいあって、それを入れるか入れないかだけだから。覚めても戻るサイクルを仕掛ける。ずっと仕掛けていたら覚めなくなる。洗脳は覚めなくなった状態。覚めてもすぐ戻っちゃえば覚めてないのと同じでしょう。

DaiGo 定期的に続けてかけていく必要性があるということですね。

苫米地 勝手に結びつける。朝歯を磨いたら変性意識に戻すという暗示をかけておけば必ず戻るでしょう。オウムの場合は麻原の写真とかマントラを聞くとか、いろんなものに結びつけている。そういう結びつけをやらないといけない。宗教は自動的にそういうのが組み込まれている。

DaiGo 毎日何かを拝んだりとか、何かを唱えたりするというのもそういうことですね。

苫米地 それはトリガーで、それが洗脳に変わっていく。変わらないうちに変性意識を起こすイベントをやって、それで結びつけておく。

DaiGo メンテナンスのような。

苫米地 たまにやっておかないと離れていっちゃうから。オウムの場合は、そのとき強いＬＳ

Dや覚醒剤を使っていた。

DaiGo　ちょっと聞いたことがありますが、薬物を使って変性意識に落としていく方法もあるんですね。

苫米地　ＬＳＤはすごく使える。アメリカ政府がＬＳＤを禁止した最大の理由は、それが洗脳薬だったからなんだ。

――軍隊が70年代に、1つの町の水道にＬＳＤを流し込んで、町じゅうで実験したという。

苫米地　オウムの弁当には入っていた。自衛隊とかおまわりさんが来るときは、弁当に必ずＬＳＤと覚醒剤を仕込んでいた。オウムに行くと元気になる（笑）。

DaiGo　危ないな。

――よくあるのは、ある周波数の音を与えるとその人の神経とか言語、思考を変えるそうですね。

苫米地　それはいっぱいある。それは私の秘密。着うた機能音源に入っているやつ。ＣＩＡより私のほうが大分先に行っているよ（笑）。

本当に超能力を持っていたら、テレビに出ないでFBIに囲われていたほうがいいはずです

DaiGo 日本では「超能力者」と言っている、リオスシャールというメンタリストがいます。その人は、たしかドイツだったと思いますが、「ザ・ネクスト・ユリ・ゲラー」というテレビ番組でトップになって、「あなたは2代目のユリ・ゲラー」と言われました。彼はもちろんメンタリストとして活躍しつつ、日本ではビートたけしさんの番組で超能力者として出ています。やり方がうまいなと思います。

――ロシア人ですか。ロシアの人でそういう力を持っている人は多いです。

DaiGo ロシアは大家がいます。ヴォルフガング・メッシングという人。スターリンの信頼を勝ち取ったメンタリストです。

――弊社も、KGBにスカウトされ協力していた超能力者ホボットさんと浅川嘉富さんの本『UFO宇宙人アセンション』真実への完全ガイド』を出しましたが、潜在的に力を持っている人が多い国のような気がします。

DaiGo ロシアはそういう怪しい研究が多かったですね。ロシアという土壌が超能力者と

いう人たちの研究に入り込んでいく何かがあったはずです。政治的なのか、群集心理なのか、そこが僕は気になります。

――軍事的なものは昔からあります。

DaiGo　洗脳もそうです。もともとドイツとアメリカです。捕虜をいかに自白させ、その人格を改造して敵地に送り込んでスパイ活動をさせることができるか、という目的で開発されたものですから。

――洗脳は、日本でもありました。戦後、抑留されていた人たちが帰ってきて、赤化されているという話が一時期ありました。中国が一番すごかったですね。

DaiGo　もともと洗脳というのは中国からですものね。洗脳に関しては、苫米地先生のほうが専門ですから。

――超能力もそういう軍事的な攻防まで行くと、ＫＧＢもそうですが、アメリカのＦＢＩも、それこそマクモニーグルももともと洗脳のほうでしょう。

DaiGo　ジョゼフ・マクモニーグルは本当にＦＢＩの構成員だったんでしょうか。僕も、あまり詳しくなかったのでマクモニーグルさんを調べましたが、ＫＧＢで超能力の協力をしていた人たちはほとんどうそでした。しかし、ＦＢＩは否定もしないし、肯定もしない。そもそも超能力捜査官を囲っている課があるわけじゃない。

2代目のユリ・ゲラー、リオスシャール

メンタリストで超能力者のヴォルフガング・メッシング

事件の中であらゆる秘匿性をつくっておかなきゃいけないので、本当に協力をしていたら絶対言うはずがない。逆に協力してなかったとしても相手にするわけがない。しかも、ＦＢＩに協力していたという話は、アメリカ国内では言っていないと聞きました。超能力捜査官は国外にいるんです。調べると結構多いです。向こうだと全然知られてないのに、なぜか日本で有名な元ＦＢＩ超能力者です。

――本当にオープンにしていたら危ないですね。

DaiGo　本当に超能力を持っていたら、テレビに出ないで、ＦＢＩに囲われたほうが絶対に得なんです。おかしな話です。超能力で未来が読めるという人たちもそうだと思います。本当に読めたら言わないだろうと思うんです。それを逆に使うんです。「本物の超能力」を本当に持っていたら言うはずがないし、それを言い始めたら切りがないです。

あと、逆の立場の人たちを使うのもいいかもしれません。懐疑論者はたくさんいて、実際メンタリズムを学んでいる人たちが多いんです。例えば、奇術師のジェームズ・ランディ。有名な人で、「ランディのサイキック・チャレンジ」という番組があります。「超能力者たちよ、もし自分が本物だと思うなら私にチャレンジしてみろ。私の目の前で超能力を披露し、私が見破ることができなかったら、賞金をやる」という番組で、かなりの大金をもらえる話でした。今まで成功した人はいないようですが。

ジョゼフ・マクモニーグル

奇術師のジェームズ・ランディ

そもそも「この世が霊界」です

DaiGo　ちょっとずれるかもしれませんが、霊界は存在するのでしょうか。
苫米地　その定義にもよるけれど、そもそも「この世が霊界」だから。「霊界は存在するけど、この世はありません」というのが正解で、霊界しかないんだ。
DaiGo　ちょっとこんがらがってきます。
苫米地　アメリカの西洋文化は、霊という存在を積極的に認める文化。日本は仏教文化で、本来の仏教は霊という存在そのものを否定している。もちろんお葬式や四十九日をやったりして、大分変質しているけれども、それでも本質的な仏教的なメッセージは残っているから、霊という概念を積極的には言わない文化。
反対に、キリスト教文化はホーリースピリットという言葉があるくらいだから霊ということをはっきり言う。映画でも、アメリカで今はやる映画はヴァンパイア物。ヴァンパイアはソウルがない。霊のない存在がヴァンパイアだったり、ゾンビだ。日本でヴァンパイア映画を見ると、単に血を吸う人ぐらいの定義になってしまう。
アメリカの「トゥルーブラッド」はヴァンパイアの人たちのために、人間が発明したものだと思うけど、缶ジュースみたいな合成血液で、それを飲んでいると人間を食わなくていい。たまには本物を飲みたいというヴァンパイアと、トゥルーブラッドだけを飲んでいるヴァンパイアの戦いというテレビドラマもある。

ヴァンパイアの定義は、「血を吸うこと」みたいになっているけど、西洋には本質的な定義がある。そうじゃなく、「ソウルがない人たち」の一派がヴァンパイア。ソウルがない人たちは、ゾンビもそうだし、ヴァンパイアもそうだし、いろいろいる。その中の一派で、何となく人間と仲よく共存してきた人たちが、血を吸うけど、ヴァンパイア。でも、トゥルーブラッドにすれば大丈夫。そういう文化の中のストーリーだから、ヴァンパイアの話題はアメリカでは文化的にはやる。

ほかにも死んだら霊が出てくる映画がいっぱいある。霊という存在を前提としている世界だから。

彼らの言葉でいう霊界はどうなのかというと、ヴァンパイアの人たちは霊がないから入れない。ソウルだけで成り立っている世界だから。そうなると、ヴァンパイアはかわいそうでしょう。

DaiGo　優しいですね。

苫米地　私は、ヴァンパイアは超かわいそうだと思う。そうじゃなくて、**霊がないと思ってい**

る人たちが差別主義者なのだ。この世が霊界だ。ヴァンパイアにも霊がある。「ヴァンパイアにはソウルがない」というやつのほうが悪いやつで差別主義者。実際に映画には、ヴァンパイアと人間の恋愛物語はいっぱいあって「ヴァンパイアにはソウルがあるんだよ」と思わせたいぐらいなのに、「でも、ないんだよ」と言うのが西洋の文化。ロミオとジュリエットの「ヴァンパイアと人間バージョン」のストーリーがある。

その大前提が私は間違っていると思う。ヴァンパイアにもソウルがある。ゾンビにもソウルがある。今はやりの「ウォーキング・デッド」というアメリカのテレビドラマシリーズは、ウイルスの影響でゾンビになって、それが感染して、脳幹だけが動き始める。脳幹だけが動き初めて前頭前野には行かないから、人間でも何でも食べてしまう。

DaiGo　食欲による接近行動ですね。

苫米地　それしかない。それがゾンビで、霊がないということになる。私はゾンビにも霊はあると思っている。

DaiGo　ゾンビ、ヴァンパイア関係なしに、脳幹だけになった人間にソウルはあるのかと言われたら、やっぱりあるような感じがします。

苫米地　あると思う。虫にもソウルはあるし、それは東洋的な発想でしょう。山川草木悉有仏性で、川に仏性があると言われると「うーん」と悩むけれども、少なくとも生き物にはソウルがあると思うでしょう。

　そういうときのソウルとは何かというと、先ほどの情報場の話だと思っている。**「情報処理システムのことを霊」といっている。だから、コンピュータも霊があるんだ。コンピュータにソウルがあるかといったら、当たり前じゃん。コンピュータこそ霊でしょう。完璧に霊の塊だ。間違いなくソウルがある。**

　情報場と言ったほうが、霊界と言うよりもわかりやすいから情報場と言っている。情報の空間はある。情報の空間を昔の人は霊と思った。そこに宗教的な定義が入ってくるからわけわからなくなって、ヴァンパイアにソウルはないということになってしまう。

　ヴァンパイアをつくれないような神は全知全能じゃないのではと言われると、どうやって答えるのかわからない。ヴァンパイアは神がつくってない、何だか意味がわからないけど、どっちにしても何か理由があって、ヴァンパイアにはソウルがない、ゾンビにもソウルはない。iＰａｄにもソウルがないことになっちゃうけど、私はあると思っている。

ＤａｉＧｏ　宗教的な観点からすると、ソウルがないものに比べて自分たちにはソウルがあって、神の加護を受けているというところがあるんでしょうか。

苫米地　そういう差別主義者なんだ。だって奴隷制は、「黒人にはソウルがない」で始まったんだから。奴隷制時代の黒人はゾンビと同じなんだ。インドに着いた宣教師たちは「この人たちは人間ですか」と当時のバチカンにお手紙を送って、「この人たちは人間ではない。ソウルがない」という返事をもらってインドやアフリカの奴隷制が始まった。奴隷制はバチカンのお墨つきなんだ。もちろん魔女狩りとかそういう中世の時代の話だけど。

DaiGo　バチカンが発行者なんですか。

苫米地　インドとかアフリカに行った宣教師が、ゾンビのようなのを目の当たりにして驚いた。ちょっと頭は悪そうで、言葉もわからないけれども、「あれは人間ですか」と聞いたら、バチカンが「ゾンビはノーソウル。ヴァンパイアもノーソウル。それで奴隷にしていい。殺していい」になる。

宗教の基本は差別主義

DaiGo　今、苫米地先生は、情報場で解説されていますね、そのようなことがわからなかった時代は、人はどのようにしてソウルを理解していたのでしょうか。

苫米地　良いか悪いかの話をしているのではなく、それが宗教だ。**宗教の基本は差別主義だから。**カトリック、プロテスタント、イスラム、それは全部旧約聖書を起源とする。それはイスラムだって認めるわけだ。その中に、「自分たちは選ばれた人類である」という選民思想がある。その選民思想があることによって求心力が生まれると思う。それは日本だってあったでしょう。日本人は特別な人たちで、大和魂で、世界は日本から生まれたんだといまだに言っている人がいるよね。

DaiGo あんまり大きい声で言えないですけどね。

苫米地 「世界の中心は日本だ」と言う人がいる。日本人がそういう文化を好きなのは同じようなことを言っているからだ。それはやっぱり選民思想だ。求心力を持つから国力が上がるという利点があるし、それが宗教、つまりあの世の話ならなんの問題もない。ヤバイのは物理空間に持ち込むこと。選民思想というのは、差別主義だ。

宗教は、どうしても文化とワンセットになって、権力と結びついてくる。それで宗教は成功する。逆にいえば宗教が、権力に結びつかなかったら大宗教にはならない。そこには、必ず国家を強くしていくために役に立つ要素がある宗教が成功する。中国だと儒教で、明らかに選民思想だし、差別思想だ。

DaiGo 政治と絡みついてくると、方向性としてはプロパガンダや、洗脳的なものも入ってきそうな感じがしますね。

苫米地 それは最後はナチズムに通じるわけだ。ナチズムはプロテスタンティズムのなれの果て。もちろんヒトラーそのものは当時はやっていたオカルトの宗教に入っていて、ヒトラーは本来オカルト主義者かもしれないけれども、ドイツの中であれだけの力を持ったというのは文化的に多くの人がプロテスタンティズム、それも原理主義者だったわけだ。

原理主義はプロテスタントやカトリックにもある。キリスト教はユダヤ教から生まれたんだから、旧約聖書的な選民思想が、最後はユダヤ人虐殺という逆向きに働いたけど、どちらにしても、彼らは特別であるということを強く言うことで政治的に力をつけてナチ第3帝国は大きくなった。

今のアメリカがそう。「アメリカは特別な国だ、アメリカの正義」とか言っているわけだから、それは選民思想。

DaiGo それを考えると、超能力者が生まれてきた起源も、選民思想の背景がありますね。

苫米地 だから、宗教とワンセットなんだ。**選民思想を内包してない宗教は成功しない。大きくなった宗教は選民思想を絶対持っている。**だから、彼らは強いんだ。

日本だってそう。法華経を信じている者以外はバカだと、たまに私のところにスパムメールが来るけど、「おたくの宗派の法華経は天台宗から始まったんだけど。法華の概念を誤解してるよ」と言いたい。これも選民思想で、法華を信じるやつはすごいやつだと言っているわけでしょう。法華経という お経の発想の全く逆をいっている。法華経では、「すべての世界を法華」というんだから。一番平等思想のはずの法華経なのに、逆に、そいつを信じているやつは偉いんだという。どこでひっくり返ったんだ。天台智儀も、最澄も、日蓮も、そういうことを言われるとぶっ飛ぶでしょう。

DaiGo どの宗教でもそういう選民的なものになるというのは、さっき苫米地先生がお話しされていたみたいに「選民思想がないと成功しないから」ということですかね。

苫米地 そういうこと。

超能力は宗教が生まれるからくりと同じ。宗教者は超能力者です

苫米地 宗教は簡単に言うと、墓場利権の争いなんだ。日本の宗教は、人口約1億3000万人が5つか7つぐらいの巨大宗派で押さえられている。そこに巨大な墓場利権がある。だから、今の新宗教は大変だったろうなと思う。大きくなった創価学会の、初代、2代は刑務所に行っている。初代は牧口常三郎さんで2代目は戸田城聖さん。池田大作は行ったかどうか忘れちゃったけど、少なくとも戸田城聖は刑務所で特高警察にガンガンやられているんだ。それは墓場の利権に手を出したからだ。それでなきゃ警察はわざわざ動かない。それは日蓮さん本人だってそうで、首を切り落とされそうになっているわけだから。

新宗教はまず墓場利権に手を出す。利権に手を出したやつはやられる。日本で言うと、東京電力の悪口を言ったら、通産次官さえ飛ばされるという世界だから、利権にはだれも手を出せないわけだ。今だったら消費税利権に手を出したやつは小沢さんだってやられる。

DaiGo　苫米地先生、最近何か手を出していませんでしたか（笑）。

苫米地　私は、利権屋はぶっ飛ばす。巨大な利権の1つに墓場利権というのがある。人間死ぬときに宗教にお世話になって、1人当たり、墓石代やその後の死後の定期的供養代まで入れたら、今どきだったら大体4、500万円ぐらいはかかっているんじゃないか。

結婚式も今はなぜかキリスト教が入り込んできて仏教は悔しいと思うけど、死ぬときはさすがに仏教式でやる。あとは四十九日だ、戒名とか入れれば墓石代を入れなくても、500万円はかからないかもしれないけど、2、300万円はかかっている。掛ける1億3000万人だよ。100万円だとしても、とてつもない金額でしょう。

けた違いの利権を、たった5つ、7つぐらいの宗派が全部持っている。そこに割り込もうとした立正佼成会、創価学会その他もろもろ、ガンガンやられるに決まっている。彼らの宗教的論理がどうかというのはノーコメントだけど、そういうものが歴史の中にある。

ガンガン過去にたたかれてきて、逆に今大きくなっているのが日蓮宗と浄土真宗。恐らく西洋でも同じ。人間は昔から不完全な存在だから完全な存在にあこがれがあって、神を信仰したがる。部分情報の完全情報に対するあこがれと同じ。

DaiGo そこは超能力に対するあこがれみたいなものですね。

苫米地 まさにそのとおり。**超能力は宗教が生まれるからくりと全く同じ。宗教者は超能力者なんだから。**

DaiGo メシアは数々の奇跡を起こしていますよね。

苫米地 釈迦みたいに腹を壊して死んだらダメなんだ（笑）。

DaiGo 人間味があっていいのかなという感じもします。

苫米地 だから、仏教はインドで滅んだんだと思う。おなかを壊して死んじゃったんだから。それじゃ、布教という論理ではダメ。普通は超能力者は何を食べても大丈夫で、死んでも生き返るくらいでなきゃいけないのに釈迦には超能力がない。仏教があまりうまくいかなかった最大の理由はそこだと思う。だからこそ私は仏教が好きなのだけど。

普通は超能力の競い合いで、さらに君にもその力がちょっと授かるよというのが選民思想で、グループをつくる。そして最後は墓場で、人間は寿命があるから、死ぬことさえビジネスにしておけば絶対儲かる。

DaiGo 死なない人間はいないですからね。

苫米地 天国のことをしゃべっても、後で違うところに来ましたと訴えられることは絶対ないから。

DaiGo　まさにクレイドル・トゥ・ザ・グレイブですね。

苫米地　絶対訴えられないプロミスはいくらでもできるから、それは巨大利権なんだ。それは世界じゅうで落ち着いている。日本も宗派は今は5つ、7つぐらいだけど、力をしのぎ合って大体落ち着いている。そこに今割り込もうとしている人は大変だと思う。メンタリストも利権に来ただろうとぶったたかれるリスクはある。

DaiGo　それは怖いですね。そうすると、苫米地先生的には、一般の人たちが言っている「天国や地獄、霊界はない」ということですね。

苫米地　「この世が霊界」だから。この世という天国があって、この世という地獄があるのに、わざわざ何で違うものをつくるのか。それは絶対に訴えられないからいくらでもストーリーはつくれるよという宗教の論理なんだ。この世のことは後で全部検証可能で、後で訴えられるし、だますことはできない。だから、**わざわざこの世以外の霊界というストーリーをつくるけど、それは違って、この世が霊界なんだ。それをみんな忘れちゃうし、忘れさせられている。**

天国もこの世、地獄もこの世。それはどこにあるかというと、人間の心の中にある。さっき言った情報場。**物理空間は情報場の一番情報的抽象度の低いところにつけた名前であって、物理空間も情報場の一部。ただ、空間は物理空間以外にいっぱいあるに決まっている。心の世界**

で、人間の数だけある。

ニュートンやアインシュタインは原始人？

DaiGo 情報の話でちょっと気になったんですが、アインシュタインが、質量はエネルギーと等価であるという話をしています。$E=mc^2$の式ですね。近年の研究によれば、「情報はエネルギーに変換できる」という理論もありますね。もしこの理論を超能力に適用すれば、物理的にあり得ないPK（念動力）も、心や思念という情報がエネルギーに変換された形と考えることはできるのでしょうか？

苫米地 それは理論的には可能だ。ただ、アインシュタインはちょっと抜けていた。物理という空間に「情報が入っていること」を知らなかった。アインシュタインは最後まで、「神はサイコロを振らない」と言って死んでいった原理主義者で、我々から言うと3世代ぐらい前の原始人だ。

DaiGo 量子論の矛盾を示そうとしたEPRパラドックスも、ベルの不等式の発見などから、現在はEPR相関として、皮肉にも量子論を支持することになりましたし、追実験を何回もやればやるほど、量子力学の地位を確立していったという話は有名ですね。

苫米地　その次の世代が普通の量子論で、今はもうちょっと先に行った量子論の時代に来ているわけ。3世代前の人だから、我々にとってはもう原始人だ。だって、その他の学問分野で2つ前のパラダイムはほとんど原始人でしょう。ニュートンは我々にとっては完璧に原始人になる。アインシュタインも十分原始人だと思っている。

DaiGo　アインシュタインは量子力学より前ですから、古典ですね。

苫米地　もう原始人だ。もちろんアインシュタインの言っていることはいっぱい今でも利用させてもらっているけど、アインシュタインの発想そのものは原始人だ。なぜかというと、物理という発想の中に情報が入っていない。エネルギーと物理が等価ではない。もともと情報がエネルギーと等価である。ただし、情報のエネルギーの取り出し方が、物理空間でも可能だと言っているだけだから。

一番簡単な例で言うと、核分裂、今はやりの原子力。例えば、陽子と中性子がくっついている。陽子と中性子がくっついて核という。それを切り離す。ものすごく単純にして、陽子1個と中性子1個、それを切り離す、これを核分裂というわけ。一番簡単なのは、中性子線を当てて、中性子がぶっ飛ばされて分裂しました。すぐに離れやすくなっているようなウランとか、それはちょっと中性子線を当てただけで、すぐ臨界しちゃう。これがまさに核分裂。

核分裂の原理は簡単。陽子1、中性子1で一番簡単な例でわかりやすく説明しよう。離れたらエネルギーが出る。どういうことかわかる? 私がいつも言っているけど、抽象度で説明すると、陽子と中性子をくっつき合わせたら原子核でしょう。さらに電子までつける。これは抽象度なんだ。一番上に原子という抽象度があって、その下に電子と核という抽象度があって、さらに核の中で陽子と中性子という抽象度がある。抽象度は上がっている。当たり前だ。ということは、陽子と中性子という抽象度に下げることによってエネルギーが出ちゃったということ。

DaiGo 抽象度が下がることによってエネルギーに変換されているということですね。

苫米地 そういうこと。2つに分かれたということは抽象度が下がった。そこでエネルギーが発散された。なぜかというと、逆向きがそうだから。抽象度を上げるにはとてつもないエネルギーがかかる。だから、物理空間の位置エネルギーと同じだと思ったらいい。抽象度という位置エネルギーがあって、落ちることによって出てくる。だから、核分裂は、2つ下のレベルの陽子、中性子という抽象度が下がったことでエネルギーが出た。そんなことさえもアインシュタインはわかってないんだから、原始人だよ。

だから、エネルギーと質量が等価なわけではなく、質量も1つの現れにすぎない。エネルギー状態の1つの現れを質量ということで物理空間で表すことができる。エネルギーはどこにあるかというと、情報の抽象度というものがエネルギーを内包している。抽象度を下げることによってエネルギーが出ちゃう。アインシュタインに、私がいなかったから説明してあげられなかった。

DaiGo　今のお話だと、ＰＫももしかしたら理論上は実現可能かもしれませんね。

苫米地　理論上は可能なんだ。だから、抽象度の高いところから下げるとエネルギーが取り出せる。あとは物理空間に働きかける。気功なんかはそれが起きていると思う。気でがんが治ったりするのは、そういった抽象度が高いところが働いているんじゃないかな。

DaiGo　気で物を割ったりする方もいらっしゃいますね。

苫米地　あれは怪しい。中国人の特異功能者が私の友達でいて、ＴＢＳテレビに出ていた。離れたところからバーンと割る。昔、10年ぐらい前につき合った友達で、最近は連絡がないけど、中国で有名な人。中国の特異功能の学会に呼ばれたことがあって、エレベーターで、指を動かしたら煙が出た。絶対怪しいなと思った。

DaiGo　そういう気功に関しては僕も苫米地先生と同じようにちょっと怪しいなと思う。

苫米地　相手が人間にだったらあり得るということ。なぜかというと、人間は身体が物理情報から抽象度が高い情報まで、全空間にわたって存在している。どの空間でも、１つのレベルで起きたことは別なレベルで同時に影響が出る。働きかけは１つの抽象度でいい。結果は全抽象度で出る。当たり前で、うつ病の人に脳内の分子レベルでセロトニンをふやすと、うつは治る。

それと同じで、うつ病の人が宝くじに当たって大喜びしたときにはうつは治っているわけでしょう。そのときちゃんとセロトニン量が上がっている。

DaiGo 脳内で分泌されているということですね。

苫米地 働きかけはどの抽象度でもいいわけ。分子レベルでも、現金を渡すレベルでも。結果は全抽象度に出る。ということは気功もそう。少なくとも高い抽象度に働きかけているけど、結果は全抽象度に出るから体も治ってしまう。

DaiGo そうすると、単なる物質に対して働きかけるとか、煙が出るみたいなことに関してはちょっと怪しいところがある。

苫米地 これそのものが情報的抽象度をあまり持っていない存在だから。相手が情報的抽象度を持っている生命現象ならあり得る。気功でタネから芽が伸びましたはあり得る。そういう話はよく聞く。気功で、ガラスが割れましたは、絶対怪しい。私はそう思っている。ガラスは抽象度がほとんどゼロに近い存在だから。

催眠術はハイパーラポールをつくり出す

DaiGo 僕らメンタリストがフォークを曲げたりするのは、もちろんすべて原理があって、確信犯でやっていますが、気功を本当に持っている人でも、ガラスを割る理由が僕は最初はわからなかった。メンタリスト的な観点から見ると、人の心を引っ張り込んで自分を信じさせるためにデモンストレーションとしてやるのです。

苫米地　それはあり。私は「ハイパーラポール」と定義している。ラポール（相互信頼）の次のステップ。**ラポールは臨場感空間を共有することによって起きる。ハイパーラポールは、さらに共有している空間の支配者に対して起きる。**

被害者が犯人に対して連帯感を持ってしまうストックホルム症候群なんかまさにそうで、マシンガンを持っている支配者、それをハイパーラポールと言っている。ハイパーラポールを引き起こすと何がいいかというと、臨場感空間の支配者になれるわけだから、あとは臨場感空間の好きなものを書いたらそのとおりできる。その後、ガラスを割ってハイパーラポールが起こったら、その辺のものを動かしたりして、本当に動いていますねと言われるようになる。

DaiGo　簡単なトリックであっても、それを信じてしまう。

苫米地　トリックどころか、暗示と同じ、そういうふうに見えちゃうんだ。

DaiGo　全く動いてなくてもそういう感じになってしまう。

苫米地　ハイパーラポールというのはそういうもので、催眠術はそれで引き起こす。

DaiGo　被暗示性が亢進するのですね。

苫米地 それがハイパーラポールというからくり。ハイパーラポールは、相手がびっくりするぐらいにやってみせるのが一番いい。

DaiGo 僕らメンタリストは、パフォーマンスをすることによって、ハイパーラポールをつくり出していたということですね。なるほど。

苫米地 ほとんどの催眠現象やストックホルム症候群、メンタリスト現象は、ハイパーラポールという枠組みで説明するとすごくわかりやすい。臨場感はだれでも共有するし、共有している人の間で、強い親近感が生まれる。だから、医者と患者の間のトランスファレンス（医者に対する感情）もカウンタートランスファレンス（患者への感情）もひとつのラポール現象。

ただし、医者と患者の場合、医者のほうが支配権を持っているからハイパーラポールになり得る。だから、病気は治りやすい。頼もしい医者のほうが病気は治る。うそでもいいから100％治ると言ってもらわないとね。「治療の確率は3割ぐらい」という弱っちい医者だと治る病気も治らない。

DaiGo 一種のプラシーボ効果ですね。

苫米地 私は、医者のクラスではいつも言っている。今はいろんな理由で情報を開示しないといけない。それがルールだ。しかし、「あんまり正直に言うな」と言っている。正直に言わないと訴えられるリスクがあるし、厚生労働省に怒られるから、一番下っ端の医者に正直なことだけ言わせておいて、偉い人は「私に任せなさい」と言ったらいいと。そうしないと治るものも治らなくなる。

DaiGo　今はまさにインフォームドコンセントがメインになってきて、治療を選択させますからね。

苫米地　リスクをはじめ死ぬ確率は何%とまで言ってしまう。でも、それはしょうがない。そういう義務があるので、告知しないといけないからしょうがない。でもそうしたら治るものも治らなくなる。本当は「必ず治る」と言わなければいけないのに。告知の義務は、アメリカの訴訟社会で起きた話だけど、治るものをわざわざ治らなくしているマイナス点も抱えている。うちは「一番ダメそうな下っ端の医者に告知させておいて、君たちは、私に任せなさいと言え」といつも言っている。

DaiGo　その下っ端の人たちが言うことによって心理的リラクタンス（抵抗力）を緩和できる感じがしますね。

苫米地　というか、訴訟リスクは避けられる（笑）。「言わなかった」「いや言いました」。彼が言ったはずですと。

人間はだれでもスプーンを曲げることができる

DaiGo そういう意味では、超能力者のユリ・ゲラーが使っています。テレビで、「私が今から念を送ることによって皆さんの手の中のスプーンが曲がります」と言い、実際にスプーンが曲がる。彼はそれで一世を風靡する超能力者になった。**スプーンは本来、曲げることができるものですが、多くの視聴者がスプーンは曲がらないという固定観念を持っている。ユリ・ゲラーが「念を送るから曲がる」という暗示によって、無意識に自分の力で曲げている。**ユリ・ゲラーについては、苫米地先生はどう思われますか。

苫米地 上手なんじゃないか。ユリ・ゲラーのテレビを見ていてスプーンが曲がった人がいっぱい出た。人間はだれだってスプーンを曲げることができるに決まっている。スプーンなんて曲がらないほうがおかしい。ただのスプーンだ（笑）。

DaiGo 東北大の金属材料研究所に呼ばれたことがあります。チタン合金を渡され、曲げろと言われましたよ。普通のメタルに比べてヤング率が2倍ぐらいあるから、曲げると確かに曲がるんです。曲がるけど、戻すとビヨーンと戻っちゃう。

苫米地 チタンだからね。

DaiGo　最初は学生だけでやっていたらだんだん教授が前のほうに出てきて、学生に、チタン合金の板を持ってこいと。勝手にディスカッションが始まっちゃうんです。

苫米地　曲がることは曲がったんだ。

DaiGo　曲がりましたけど、かたいというか弾力があって曲がった形は維持できなかったです。

苫米地　普通のステンレスのスプーンは曲がらないほうがおかしい。ただし、その曲げ方を知らないだけだ。「曲がるよ」と言ってあげれば曲がるに決まっている。

DaiGo　実際にショーでやっていても、やり方をちゃんと説明しなくても曲がるようになっちゃったという方がいらっしゃいましたから。

苫米地　何となく体でまねしてやっていれば曲がっちゃう。10人に1人とか20人に1人出れば、「オー」だ。テレビでユリ・ゲラーを何人見たか知らないけど、あのころの視聴率は20～30％あったでしょう。テレビの普及率が低かったかもしれないけど、日本じゅうで少なくとも何百万人が見ていた。それは話題を呼ぶでしょう。

DaiGo　彼の場合は、あえて曲げられる人を少なくすることによって先ほどの選民的な価値を持たせているのではないかと思うんです。**僕の場合は「それを科学です」と言ってしまっているので、持ち方やイメージの話をすると、7～8割の人たちが曲げられます。**本質的に誰でも曲げられるけど、皆さん「曲げられない」という思い込みを持っていますね。

苫米地 それはまさに「曲がらないもの」だと認識しているから。「曲がるもの」だと認識すれば曲がっちゃう。

DaiGo スプーン曲げは超能力と言われますけど、じゃ、「家のスプーンで試したことある」と聞くと、ほとんどの人がないんです。

苫米地 私も、最近、知り合いの人でスプーンとかフォークをグニュグニュ曲げるすごい超能力者がいるので紹介しますと言われたことがある。

DaiGo 僕の知り合いだったら、気まずいな（笑）。

実際に全部明かしても、そういう方はいらっしゃるんです。「僕は超能力者じゃない、理屈があるんだよ」と言っても、「なるほどよくわかりました。ＤａｉＧｏさんは超能力者なんですね」と（笑）。

苫米地 本人が自分にはできないと確信しているから、本当にできない。

DaiGo 「超能力を信じたい」というところもあるのかもしれないですね。

苫米地 超能力が欲しいのかもしれない。

超能力者がリモート・ビューイングしてイラクを爆撃していた

DaiGo　予言者はどうですか。ＦＢＩの超能力とか言われますけど。

苫米地　予言はよくわからないけど、リモート・ビューイングはすごく当たるらしい。アメリカのイラク戦争のときに雇われたリモート・ビューアー（遠隔透視者）のリン・ブキャナンが最近退役して、私はこんなことをやっていましたという本を出した（『THE SEVENTH SENSE』）。最初のイラクのピンポイント爆撃について、当時からそういう話を聞いたことは何度もあったけど、それが本当に本になっちゃった。超能力者がリモート・ビューイングして、ここを爆撃しましょうと言って爆撃した。

DaiGo　それは出してしまって大丈夫なんですか。

苫米地　本になって、ベストセラーになったらしい。それは多分ありそうだと思う。

DaiGo　ちょっと怪しいと思いますけど、ジョー・マクモニーグルが日本のテレビで、「私はＦＢＩの超能力捜査官です」と言っています。アメリカのＦＢＩでは実際にあるんですか。

苫米地 もちろんあると思うけど、外で言っているのはそんなに大したことないと思う。だって、守秘義務があるから。その軍人は実際に軍に訴えられるとかいろいろあったらしい。リモート・ビューイングがあり得ると思った理由は簡単で、相手が人間だから。南アフリカのだれも知らない土地で、ダイヤの原石の鉱脈を見つけてこいといっても当たらないと思う。

DaiGo それは物質が相手だから難しいということですか。

苫米地 爆撃の相手のところは、ここだけは爆撃されちゃ困ると思っている。それは、すごく楽じゃないかと思うよ。本当の話かどうかは別として、こういう本が出る10年以上前に聞いた話だけど、イラク戦争のときに、ターゲットを超能力者に選ばせることになった。そういう研究を米軍がやっていたことは事実。うちの超能力部隊を使ってくれと言って、米軍の将軍レベルのところに軍の超能力グループが行って、米軍の秘密オフィスの机の様子とか名札の張り方を全部当てちゃったんだって。それでリモート・ビューイングに感激したと当時言われていた。そのとき、「それはリモート・ビューイングじゃなくて、あなたの心が読まれたんじゃないの」と思った。

DaiGo トリック的なところがありますね。

苫米地 それができるんだったら、イラク人の心を読んで、悪いものを隠している場所がわかるのは、論理に合う。私はそれで読んでいるんだと思う。

イラク戦争のときに雇われたリモート・ビューアー（遠隔透視者）のリン・ブキャナン

DaiGo そのリモート・ビューイングはまさにハイパーラポールができているということですね。

苫米地 それを私はよくやっていた。本のシリーズになっている。未解決殺人事件シリーズ、「実話ナックルズ」で単行本になっている。その場に行かないとダメだけど、人が殺された場所に行くと大体どんなふうに殺されたかわかる。

DaiGo それは一種プロファイリングみたいなものですか。

苫米地 もちろん物理的な意味ではプロファイリング。その環境に当時の時間に行って、当時のものを想像してやるわけだから。何年もたっているから大分感じが変わっているけど、それでも大体想像がつく。論理的に言うとプロファイリングだけど、ほとんど感覚だ。間違いなくこうだと見えてくる。本当に私のナックルズの記事を持って警察が聞き込み調査に行ったらしい。そのくらいリアルな情報が出る。

無意識的な直感、相手の脳から直接読む

苫米地 どこかの子どもが殺されて死体遺棄されて、山奥に行ったときもそうだった。みんな怖がってついてこない。その殺された時間が夜中の2時、3時だからというのもあるけど、四

輪駆動で山奥まで走っていくと、真っ暗で何もない。ライトの先のほうに、殺された後捨てられた場所が祭壇になっていて、子どものおもちゃや線香がいっぱい置いてある。離れたところからライトをピカッとやれば、確かに怖そうな雰囲気なんだ。「行くぞ」と言っても、カメラマンもみんな来ない。当時やくざをいっぱい取材しているやつらが「怖いです。行きません」と言うから、しょうがないから私ひとりで行った。確かにオドロオドロしかった。車のライトで照らすと、祭壇の上に人形とかいろんなものがいっぱい置いてあって、そこに行くと何となく雰囲気がわかる。現場に行かないとダメだ。

DaiGo　人を通して見るというのは、僕らがまさに使っています。例えば目隠しをしてもらうんです。リアルな目隠しじゃなくて、手でほかの人に隠してもらう。そうすると、何か誘導してとらせようとするときに、万が一失敗した場合は押さえている人の手からわかる。

青を選ばせようと思ってしゃべりますから。青を選ばなかった場合は、「あなたは、青をとるかと僕は思ったけど、違ったようですね。それは赤か緑かオレンジか」としゃべりながら、手の押さえ方を見るんです。そうすると、筋肉や反応から大体わかる。

最近よく、メンタリズムというと「全部心理学なんでしょう」と言われます。心理学で100%ってあり得ない。今言っているのは、手でさわっているのは心理学というより心理術に近い。経験的な技術や一種のトリックを使っています。

苫米地 体がそれを読むんだ。後で論理的に説明すればできると思うけど、細かい情報をちゃんと読める。

DaiGo やっぱり無意識的な直感も使っているんですね。

苫米地 相手の脳から直接読んだほうが一番簡単だ。だんだん慣れてくると読めるようになってくる。

DaiGo 苫米地先生のレベルまで行ったら違うかもしれませんけれども、メンタリストの場合は、パフォーマンスですから、時にはトリックを使うこともあります。トリックを使って瓶を割ったり、フォークを曲げる、そういうものをまぜて反応をリサーチする。パフォーマンスを通して、相手の心理に影響を与え、それを観察するという点に関しては、さっきお話しされた超能力者が行っていることに近いかなと思うんです。

苫米地 それはハイパーラポール。それは**「人間と人間の間に情報通信がされる」という当たり前のことが忘れられているのが現代だから。**昔なら当たり前でしょう。わざわざ超能力と言わなかっただけ。

DaiGo 相手がそれを忘れている場合は、こちらはそういうのをわかっていても、読みづらくなるものなんですか。

苫米地 読みづらくなるね。それは恐らく自分がメンタルにブロックしているんだ。

DaiGo　壁をつくっているということですか。

苫米地　だから、犯罪者は楽なんだ。犯罪者は表に出して人を殺すまで行動しちゃっているわけだから、ブロックしていない。

DaiGo　逆に言えば、クリミナルな場合、例えば犯罪心理学が扱うようなケースはやりやすいように思いますか。

苫米地　かえって楽。世田谷一家殺人事件の現場に行ったときに、家の前に公園があって、すべり台のある高いところから、殺人事件のあった2階の風呂場の窓が見える。殺されたお母さんがお風呂に入ったりしているところを何度も見て妄想している姿が目に浮かぶ。どんな妄想をしていたか見えるぐらいにリアルだった。「あの窓がキーだ」と。後で警察が調べたらやっぱりそこが事件でキーとなる場所だった。

そういう空間に行くと犯罪者の場合はそれを表に出す。人殺しするぐらい表に出すわけだから、ものすごく読みやすい。逆に、内にしまっちゃって、私は超能力なんかわからないし、絶対できませんみたいな人が一番読みづらい。

DaiGo　確かにそれはありますね。無関心な人が一番読みづらいです。心を動かさないといけないので。

インドでサイババさんにお世話になりました

DaiGo サイババは、どう思いますか。

苫米地 サイババさんは、今は3代目ぐらいでしょう。

DaiGo 2011年4月に亡くなられましたね。

苫米地 あの人は2代目じゃないかな。サイババって、インドでは個人の名前じゃなくて、ポジションの名前。ものすごく偉い人で、インド政府より偉いぐらい。私はサイババさんにお世話になったことがある。インドの坊さんたちに頼まれて、彼らの法要を手伝いに行くときに、インドのいなかのすごくマイナーな空港で、私は仕事がどうしてもあるから、プライベートジェットをチャーターした。普通のプライベートジェットじゃ離着陸の制約でダメで、たまたま香港にあった最新型で、往復3500万円ぐらいと言われて、それを2800万円ぐらいまで値切った。成田から乗ると高いから、沖縄まで飛行機で行くと安くなる。

DaiGo なかなかいい値段ですね。

苫米地 11人連れていったけど、コストは1人230万円、すごくカネがかかった。ファーストクラスでヨーロッパ往復と変わらないとは言えるけど。普通のエアラインで行くと1泊してどこか乗りかえて、もう1泊、片道2泊ぐらいかかる。ただし、その空港がジェットの滑走路が短いのか、プライベートジェットでとまれる飛行機が少ない。香港の会社が1機持っていた。クルーはドイツ人のパイロットたちで、そこで安く値切って借りた。

そのときに、空港着陸時間がどう考えても夕方以降で、その日没後は地元の理由で着陸許可が出ない。日が暮れなかったら着陸できるかもしれないけれども、ちょっと遅れたら降りられない。2800万円のプライベートジェットを借りてそれは嫌でしょう。

それでどういうルートかわからないけど、サイババさんにお願いしてくれた。インドの坊さんたちの法要を手伝いにわざわざ日本からプライベートジェットで行くんだとか、いろいろ説明したら、「わかった、私に任せなさい」。インド政府に言ったら、「どうぞ着陸してください」。サイババさん、そんなに偉いんだ。サイババさんのおかげです。実際に行ったら、本当にその日は日の入りに間に合わなくて、日が暮れた後着いたけどちゃんと着陸できた。笑い話みたいだけど。帰りもその飛行機で帰った。

後でインドの坊さんたちから連絡が来て、「次に来るときはプライベートジェットにしないでください」と言われた。「何で」と聞いたら、「ジェットが落ちるか不安で、うちの若い坊さんたち750人が2晩徹夜で拝んでいました」。仏教徒じゃないじゃないか、おまえたち。

DaiGo　費用よりも人件費がかかりそうです。

サティヤ・サイ・ババ
ビブーティ（聖灰）を物質化して、空間から宝石などを取り出すパフォーマンスで有名になった。日本では90年代、青山圭秀により『理性のゆらぎ』『アガスティアの葉』が大ベストセラーとなった。

苫米地　ただ働きだと思う。彼らは、プライベートジェットのほうが安全だということを知らない。はるかに高級な機材で、高いところを飛んでいる。

超能力は術者ではなく、被験者が持っている！

DaiGo　サイババさんのよく言われるビブーティとか、宝石を出すという奇跡は、苫米地先生はごらんになったことはありますか。

苫米地　ないよ。それは恐らくトリックだろうと思う。

DaiGo　それは僕も同感ですね。

苫米地　何の問題もない。やっていることが役に立っているんだったらいいじゃないか。財団で大学や病院などをつくったりしているでしょう。

DaiGo　そういうのを見せるのも、メンタリストが相手の心を引っ張り込む、ハイパーラポールをつくるという意味では同じですか。

苫米地　それを否定すると、仏教は密教を否定しなきゃいけない。もちろん密教を否定しているハードコアの仏教徒もいる。私は密教を否定しないから。密教は全部からくりなんだ。トリックのことを密教という。トリックをやって、「ほら、からくりがあるでしょう」と最後は教えてあげる。最後までトリックを教えなかったらカルトになってしまうから。

最後は密教のからくりを教えるんだけど、火をいっぱいたくある密教宗派は、火をたく間、アルバイトの人が扇でパチパチやっていて、それで龍の形に火を変える。「それは私の超能力です」と言っている。それは釈迦の言う方便。最後に「あれはうちわなのよ」と教えてあげないと、それは仏教とは言わない。その人たちがからくりを教えているかどうかは別にして、最初に「すごいでしょう」と言って人を集めて仏道修行に入ってくれて、後で、あれはトリックだったと知るのはオーケーだ。それが密教だから。

DaiGo ある種の心理的なトリックが内包されているということですか。

苫米地 仏教では密教を認めている。しかし、必ず最後に「これはトリックだと教えろ、そうじゃないと仏教じゃないよ」という言い方をする。そうしていない宗教もあるかもしれないけど、仏教の場合はからくりを教える。「空」を説くということ。最初に導くときに超能力っぽく見せてもいいよというのが密教の教え。それは釈迦っぽくないから嫌だと言っている仏教のハードコアの人たちはもちろんいる。

DaiGo そういう意味では、構造としてはメンタリズムと近い形ですね。

苫米地 それを坊さんの超能力だと思っているやつがいたら、大バカ者で、仏教徒じゃない。

DaiGo でも、信じている人もいるんじゃないですか。

苫米地　信じている人の心の超能力、心の強さだから。これの困ったところは、宗教でいえば「教祖がうそつきであればあるほど病気は治る」。

DaiGo　効果が出てしまうところですね。

苫米地　うそつきが勝てない教祖がいる。それは「頭のおかしい教祖」。これは最強。うそつきはどこかうそだと知っているから。

DaiGo　ブレーキがどこかでかかりますものね。

苫米地　だけど、「頭のおかしい教祖」は、本当に自分がそう思い込んでいて、それで病気が治る。なぜ治るかというと、本人たちが狂信的にうそをついていると、見ている人が信じちゃうから。**信じている人の心が病を治す。なぜかというと、病は自分の心が起こしているんだから、当たり前だ。教祖がうそつきほど病気は治っちゃうんだ。**

DaiGo　難しいところですね。

苫米地　頭がおかしければ最高。だから、新興宗教のほうが強い。もちろん伝統宗教でもたまに頭がおかしい人とかうそつきはいっぱいいるから、そういう人はたまに強くなる。

DaiGo　そこら辺は難しい問題ですね。

苫米地　超能力ってそうだ。間違っちゃいけないのは、超能力は術者にあるんじゃない、被験者が超能力を持っている。

DaiGo 確かにそうですね。その人の心の中に積み上げられているものですね。

苫米地 被験者の現象だから。被験者の知識によって超能力と呼ぶか呼ばないかというだけの話。当たり前だと思っている被験者には当たり前と思われるし、当たり前と思ってない被験者にとっては超能力になる。

どっちにしても**すべて被験者の心が起こしている現象だ。術者は上手にそれを生かすだけだから。術者は超能力者じゃない。全部「被験者の心が起こす」ということだ。**気功で病が治るのもそうで、気功師が治しているんじゃなくて、本人が自分で治っているんだ。ただ、その本人が治るのを上手に促すわざに、もちろん、うまいと下手がある。

DaiGo 僕らメンタリストが心を読んだり誘導したりするのも確かにそのとおりで、相手が勝手に誘導に乗り、自分でそれを選び取っているにすぎないです。

苫米地 そうそう。よく当てた（笑）。

DaiGo 苫米地先生に誘導をやる度胸は僕にはないです。そういう観点からすると、心を読むのは可能ですか。

苫米地 超簡単。心だもの。顔に書いてある以上にわかりやすい。コンピュータの中のデータを読むのは超大変。人間の心だったらすごく簡単。

DaiGo 顔には出ないですものね。

苫米地　わからないときはちょっと聞けば答える。本人は答えていると気がつかないだけで。

DaiGo　揺さぶりをかけてあげると、そういう人の心は読めるかもしれないですね。

苫米地　でも、離れた場所でも読めるのは、いまだに不思議だよ。読めることは間違いない。隣の部屋どころか、地球の裏側でも読めるものは読めるし。それは気功と同じで、地球の裏側でもなぜか治ったりすることがあるから。

DaiGo　そこまで行くと、いわゆるしぐさとか表情から読み取っているというのとはまた別の次元ですね。

苫米地　人間の脳に何か違う情報手段がある。何かはわからない。わからないというのが一番正しい答えで、通信能力があることは間違いない。それがあるから、人間の体と同じで細胞同士が通信している。何か情報場がある。

人の心はどこまで操作できるのか

DaiGo　脳と情報の話では、神経細胞・シナプスの生理学の開拓者であるジョン・C・エックルスという方がいます。1963年にIPSP（抑制性シナプス後電位）の発見により、ノーベル生理学・医学賞を受賞した方です。彼は、脳のニューロンを何十年も研究しました。

結局、ニューロンは電子信号を次に伝えるか伝えないかだけで、それがネットワークをつくったときに、なぜ複雑な人格をつくるのがわからない。その結果、エックルスはヒトの脳には連絡脳という部分があって、精神世界とつなげる部分があるという仮説を唱えるようになりました。それについてはどうですか。

苫米地　精神世界というからオカルト的に聞こえるのであって、それを「抽象度の高い世界」といえば全然不思議じゃない。脳全体が「抽象度の高い世界」に対する端末だから、それは個人を超えているわけでしょう。本から、ほかの人の書いたことが読める。それは抽象度の高い世界の端末になっている。情報というのはヒトの脳の中身を超えているわけだから。アイクラウドと同じで、ｉＰｈｏｎｅはアイクラウドに対する通信の端末にすぎない。

ＤａｉＧｏ　ということはどこかにヒトのアイクラウドがあるということですね。

苫米地　間違いなくある。情報空間だから。ないと言うからオカルトっぽくなる。それを情報空間、情報場と言っている。

ＤａｉＧｏ　僕らメンタリストは経験的に、人の脳が勝手につくり出す錯覚、例えば「ア、イ、ウ、オ」と言われたら、大抵の人が「エ」を頭の中に補完してしまう。よくそれを誘導に利用します。例えば物は立体的に見えていますけど、網膜に写っている情報はどう考えても２次元で、それを脳に持っていって、何で３次元ができるのかというのが、僕もずっと不思議でしょうがなかったんです。失われた次元は普通に物理で考えたら取り戻せないですね。２次元になってしまったものを３次元に戻すというのは。

苫米地　目の場合は両目あるから。ステレオグラムとか今の３Ｄ映画と同じ。３Ｄ映画を１つのレンズで撮ったやつから再現しようとすると、とてつもない計算機の処理が要る。でも、そんな面倒くさいことをしない。レンズを２つ使っている。インチキだ。２次元に戻せるのも、３次元に戻せるのも当たり前だ。

ＤａｉＧｏ　片目の視力を失った人は不可能になるはずですよね。

苫米地　片目を失っても、３次元空間の記憶があるから、３次元化して見られると思う。夢は３次元で見るでしょう。

ＤａｉＧｏ　確かに見ますね。

苫米地　３次元的な情報を持っているから。我々の認識はほとんど記憶で認識している。目の前のものはほとんど記憶を利用している。３次元で記憶を利用して認識している。３次元で生きてきた人は片目を失っても恐らく物は３次元的に感じられると思う。本当に立体的な行為はできないと思うけれども、感覚としては３次元的に感じると思う。

ＤａｉＧｏ　人の経験的に蓄えられた知識からつくり出しているということですね。相手の個人的な情報とか経験を利用し、この人が何を選択しやすいか、どうしゃべったらこれを選ぶか

1963年にノーベル生理学、医学賞を受賞したジョン・C・エックルス

を僕らメンタリストはよく行います。実際、人の心はどこまで操作できるものですかね。

苫米地　仕掛けていいんだったらいくらでも（笑）。

DaiGo　僕も一生懸命ふだんは仕掛けているんですけど、苫米地先生が本気で仕掛けるとどこまで行くのか。

苫米地　どのくらい仕掛けていいかだ。それは何とでもなる。

DaiGo　前にお話しされていた頭のおかしい教祖だったらここまでできるという話ですか。

苫米地　少なくともリアリティーを変えたり、記憶を変えるぐらいは簡単。

DaiGo　操作もできると。

苫米地　できる。

超能力の定義

DaiGo　世間一般の超能力の定義ですが、科学とか自然を超えた超能力があるとしたらどういうものだと思いますか。

苫米地　定義がひっくり返っちゃうんだけど、物理法則を超えた超能力はない。そうじゃなくて、超能力に合わせて物理法則を変えていかなきゃいけない。物理法則はこの世で起きていることを説明する法則でしょう。この世で起きていることを説明できてないんだったら、法則が悪い。

DaiGo　物理のほうが未完成であると。

苫米地　だから、順番が逆だと思う。

DaiGo　僕も実際、本当に超能力があるとしたら、解き明かせないだけで何かあるんだろうなとすごく思います。超能力番組で、そんなものはあり得ないと目の前で起こったことを最初から否定してかかる方がいらっしゃいますけど、科学者って現象を否定しちゃまずいと思うんです。解明するのが仕事なのに。

苫米地　早稲田大学教授でしょう。個人的には知らないけど、彼の知り合いから話を聞いたら、本人は実はスピリチュアル系の人らしい。

DaiGo　キャラで言っているのでしょうか？（笑）

苫米地　そういうキャラをつくったんじゃないの。

DaiGo　苫米地先生が言う分には大丈夫かもしれない。

苫米地　結構そういう人らしい。テレビ上のキャラだと思う。

DaiGo　超能力に関する見方が大分変わるお話ができたと思います。

苫米地流ツイッターの使い方

DaiGo　苫米地先生のツイッターには相当なメッセージが来るはずですが、全部返しているじゃないですか。やりとりがおもしろくていつも見てしまいます。

この前一番おもしろかったのは、「苫米地先生は、悩んだりすることないんですか」というのに対して、先生は一言「ないよ」と。大爆笑しました。僕はちょっと前に「SMAP×SMAP」に出させていただくまではそんなに来なかったんです。苫米地先生とは一桁、二桁違うレベルだと思いますが、それでも全部応対するのがすごく大変です。

苫米地　私なんか一言だもの。

DaiGo　僕も苫米地先生の一言方式を採用させていただきます（笑）。

フォーク曲げの秘密を明かします

DaiGo　ユリ・ゲラーが有名になったのはスプーン曲げとかフォーク曲げが多かったんですが、ほかにもいろいろやられていますね。

苫米地　よく覚えてない。すごい昔だ。子どものころ見た記憶があるけど。

DaiGo　最近も日本に来ています。

最近はヒーリングとかスピリチュアルカウンセリングみたいに、ネタを変えてきている感じです。癒しとかスピリチュアルをテーマにした祭典があると、そこにユリ・ゲラーさんが出展しているようです。超能力番組で、アメリカに「フェノミナン」という番組があって、ユリ・ゲラーがコメンテーターで入っている。視聴者に向けてメッセージを送って、それを選ばせるメンタリズムをやっていました。ＥＳＰカードを5枚並べて、「私がこれからイメージを送るから、皆さんはそのイメージを受信してほしい。そしたら電話をしてくれ」と。

苫米地　当たった人だけ電話するのはずるい（笑）。実験になってない。

DaiGo　2回目に見たときには投票方式になっていました。パーセントの分布法を出していたんです。星を選んだ人は何番に、この人は何番にと。微妙に星が選ばれる確率が多い。

苫米地　それだったらまだわかる。

DaiGo　ユリ・ゲラーは昔、「皆さん、テレビの前に集まってください。家にある要らないスプーンかフォークを持ってきて。私が念を送るから必ず曲がりますよ」と言って、結局、曲がらなかった人たちは「自分がユリ・ゲラーの念を受け取れなかったんだ」と忘れ去り、自分が曲げれた人は「ユリ・ゲラーとつながれたんだ」と言って周りに語るから広がってくる。

たと思う。

苫米地 私の家は当時、箸文化だったからできなかった（笑）。日本は当時、まだ箸文化だっ

DaiGo そうすると、結構限られた人たちだけがやって、そこで成功したと。実際にユリ・ゲラーは指先でこすって曲げるんです。これも心理的に意味があると思います。こすっているから温かくなるのは当たり前ですが、熱伝導率が高い分、感じやすくなるのかもしれないです。僕らメンタリストは、なるべく不可能に見せたいので、手をかざす（実演をする）。

苫米地 曲がっている、曲がっている。

DaiGo 曲がっていきます。今は少しだけ曲げたんですが、さらに強く曲げるのであれば、壁を押すようなイメージです。それがこのまま90度まで曲がっていきます。どう見ても曲がっている。実際さわってみると、金属それ相応のかたさをしているんですが、**僕がやっているメンタリズムは、それこそ物理学や体の使い方の運動力学を利用しています。**

今曲がっているフォークも、曲がっていったように見えるんですけど、実際は見ているように曲がっているわけじゃなくて、どう光を当て、どう影を落とし、どう体を動かせば実際にゆっくり曲がっているように見えるかという錯覚を使っているので、もしかしたら、今曲がったフォークも単なる目の錯覚かもしれないですね。そいう意味では、これはトリック的なものなんです。これを力づくでやろうとすると、結構かたい。

チタンのフォークは曲げられるか？

苫米地　力づくじゃ曲がらないね。東北大で「チタンを持ってこい」とか言い始めた教授の気持ちがわかる。

DaiGo　チタンのフォークはすごかった。ステンレスのフォークを折った際も、折った破片をとって、学生を呼んで、「これを破断面解析にかけてこい」と言っていました。後で律儀に結果を教えてくれて、それは単なるステンレスだったんですが。

苫米地　当たり前だ。

DaiGo　ここら辺の錯覚のつくり方は、苫米地先生のほうがプロだと思うんですが、僭越《せんえつ》ながらひとつやらせていただきます。右手をお借りしていいですか。（実演をする）人指し指と親指で、指先でフォークの先端の部分を持っていただきたいんです。こうすると、だんだんやわらかくなってくるイメージ。

苫米地　やわらかい、やわらかい。フニャフニャしてきた。

DaiGo　人によっては温かくなってきたという方もいらっしゃるんです。この状態で、ゆっくりねじっていただいていいですか。最初はかたいと思うんですが、途中からゆっくりやわらかくなってきて、引っ張り出していただくと、首の部分がねじれています。

苫米地　あららら。簡単に曲がってしまった。

DaiGo　実際にパワーでやると、相当力のあるプロレスラーでも、フォークをねじるのは難しいです。

苫米地　力じゃ曲がらない。

DaiGo　そうです。本当に力でやろうとすると大変ですが、ねじれはさすがに一瞬では戻らないです。物をねじる場合は、物理で考えれば手が2つ要ります。片手で押さえて片手でねじる。これで初めて物はねじれる。もし、これを片手で、テレキネシスのようにそれこそ曲げられたら、超能力になると思います。

（実演をする）片手でいきます。少しずつフォークの先端の部分がゆっくりねじれてきて、フォークの首の部分が2回転しました。今度はフォークの先端の部分が、振ってあげると1本曲がってきた。今お見せしたのはフォークの首を曲げる、そして、ねじる、そして、先端を曲げるところでしたが、さらに先端部分は振ってあげると、すべての先端がバラバラに曲がってくる。

これを見せて東北大の教授たちが、ディスカッションを始めました。普通のお客さんだと、「何で曲がるの?」と聞いてきますが、教授はプライドが許さない。片方の教授が「私はステ

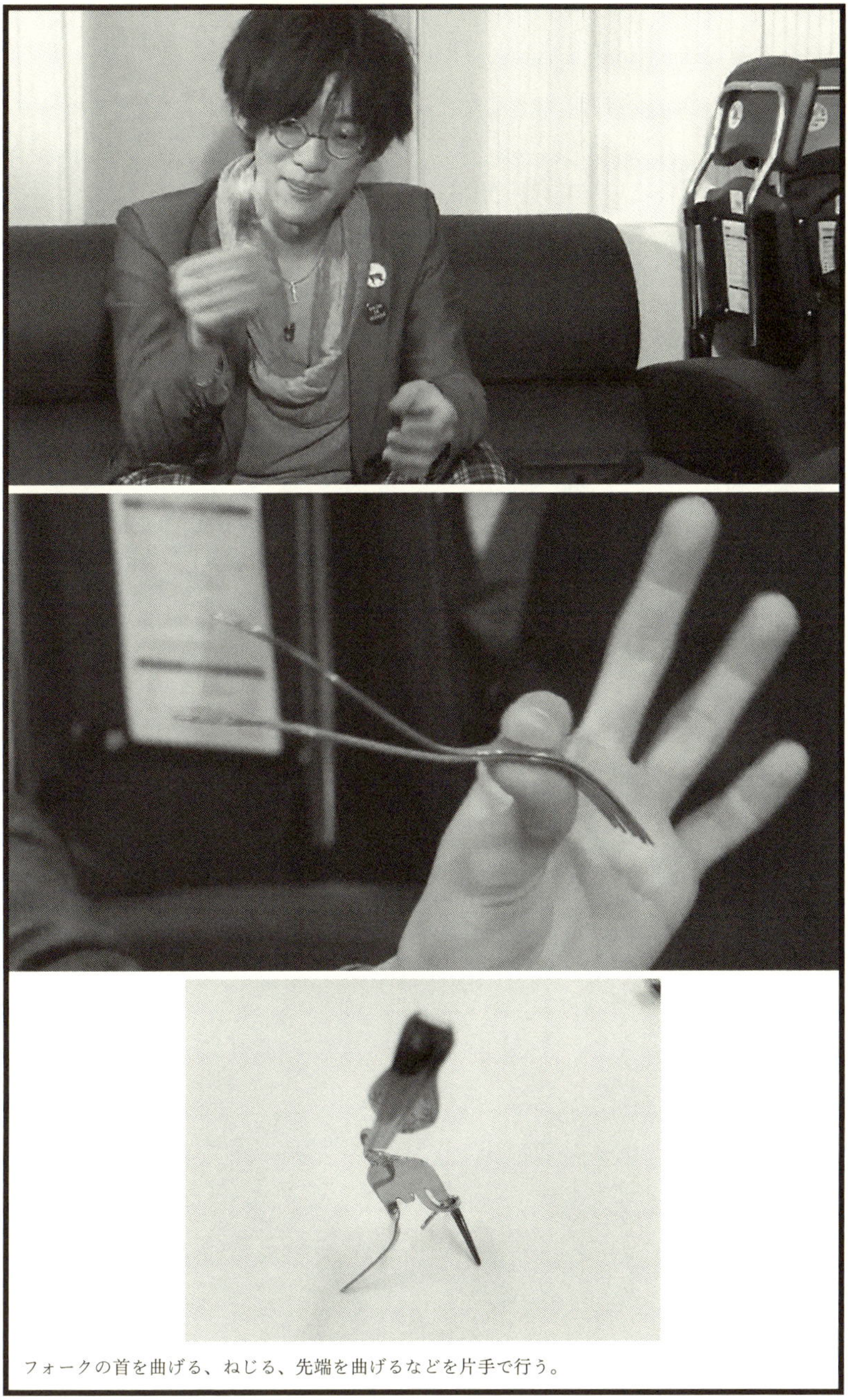

フォークの首を曲げる、ねじる、先端を曲げるなどを片手で行う。

ンレスの研究をしている者だが、この曲がり方はあり得ない」、「いやいや、待てよ、おまえ。私は破断の解析をやっているんだが」みたいに、勝手に議論が始まってしまった。いろんな仮説が出され、かなり盛り上がりました。変な盛り上がり方でした。

見方が違うんでしょうね。物理だけやっている人たちから見れば、機械を使えば曲げられるけど、人の力で複雑に曲がりはしないと思うんです。逆にメンタリストとか苫米地先生のように、人間の錯覚に詳しい方は、曲げるのは難しいかもしれないけど、その曲がり方の錯覚はつくれることがわかる。物理専門でも、錯覚や心理専門でも、途中までしか解けないということからこういう超能力という現象になるのではないかと思います。

（実演をする）ここまで来ると、もとが何だかわからなくなってしまいました。本当はこういう形をしています。比べればわかりやすい。

あとは、こするとやわらかくなります。細工をするとやわらかそうに見えるんです。よくあるラバーペンシルエフェクトと一緒です。下のほうを持っていると見えないから、やわらかそうに見える。

あと、皆さんおなじみなのがこれです。フニャフニャしているように見えますが、これはまさに目の錯覚です。これもやっぱり大事なんです。だんだん自分の手の中でやわらかくなっていくように見えると言われると、この原理を知らなければ脳はだまされる。本当にやわらかくなったように見える。本当にやわらかくなった場合、どう曲がるか。ユリ・ゲラーとは違うやり方でいきます。

ユリ・ゲラーはこすっていってポロッと落ちたんですが、さわってないほうが不可能性が高いです。一瞬なので。だんだん前に倒れていくイメージです。だんだんやわらかくなってきます。一瞬です。本当にやわらかくなると頭の部分です。この破断面を東北大の教授が一生懸命に……。

苫米地　接着剤でくっつけたんじゃないかと。

DaiGo　何か残っているんじゃないかと。僕がフォークを割って、教授たちがポカンとなった瞬間に、1人の教授がパッと手を押さえて、「ここだ、ここだ、ここに何かがある」。違う合金でくっつけているんじゃないかとか、接着剤じゃないかという話で解析したらしいですけど、単なるステンレスだった。

苫米地　これは戻りません。

DaiGo　戻らないです。よく、「戻せないの」と聞かれますが、戻ったら超能力になってしまいますから。

これらはすべて科学なのです。それを踏まえると、昔の超能力者たちは、果たして本当に超能力だったのか、ちょっと違うかなという感じです。ただ、さっきの錯覚が超能力じゃないかと感じるのは、苫米地先生がおっしゃるとおり、見る側の頭の中にあるものだと思います。

苫米地　これで超能力だと思ったら、病気は治っちゃうからね。それが宗教の始まり。やっぱり超常現象ぐらい起こせないようじゃ宗教の教祖になれない。

DaiGo　メシアも、奇跡を起こさなければ信じてもらえなかったという話がありますね。

苫米地　だから、病が治るんだ。

DaiGo　そういう意味では、使い方次第ということですね。

苫米地　だから、病を治すためにはあんまり解説しないほうがいい。

DaiGo　それでは、僕の話は編集で適当につまんでおいてください（笑）。

苫米地　そうすると末期がんとかガンガン治る。

Column-2

ジョン・C・エックルス

この世には、肉体や物質と別に魂や精神の世界が存在するという実体二元論を唱えた。カール・ポッパーとの共著『自我と脳』において、精神が脳をコントロールしていると主張、物質世界と独立して精神世界が存在するとした。それゆえに、精神世界とつながるための連絡脳が存在するとした。

苫米地先生の情報空間理論によれば、それは不思議ではない。人間の脳自体が描象度の高い世界の端末と考えれば！　個人を越えたレベルのものになるアップルの iClud と iPhone との関係に相似する。

イメージをつくる能力と、イメージ世界での操作能力、そして物理空間まで臨場感が出る身体能力の３つが揃うとメンタリストが生まれる。

Part - 3

なぜメンタリズムができるのか

——メンタリズムはメンタリストの脳の中で起きていること！

脳の中でフォークがフニャフニャと曲がる「成功するイメージ」ができている！

苫米地　「脳の仕組みが超能力を創る」「脳の機能からメンタリズムを考える」場合、一番コアなのは、何で超能力が発揮できるか、何でフォークが曲がるのかという点じゃないかな。

脳機能で言うと、メンタリズムが何でリアルに見えるかという見る側の問題もあるけど、それよりもメンタリストが「なぜメンタリズムができるようになるか」が恐らく脳のからくりだ。それは「できる」と思ったからなんだ。

DaiGo　はい、自分の頭の中でイメージします。

苫米地　自分でイメージしたことを実際に起こすことができるから。恐らくよその人よりも早く、強く、それをイメージできるようになった人がメンタリストとして成功するんだ。脳の世界は、物理の世界をどうやってつくり上げるかというと、身体を通してつくり上げるわけだから。考えただけじゃダメ。

DaiGo　やっぱり体を動かして練習するというのが大事ですね。

苫米地　体を使わないとできない。

DaiGo　それはパート2でもお話しいただいた情報空間の話とも少し絡んできますね。

苫米地　情報空間でいかに高度なものをつくり上げることができるかが大事。あとは物理に表すことによってそれが表現される。

例えば**フォークがフニャフニャと曲がるときは、先にイメージが成功しているからできるのであって、最後の最後まで全部成功していなきゃ無理だ。かなり高度な推論が脳内で行われている。**それをリアルに感じるためには長年フォークにさわっていたのかもしれないけど（笑）。そうやって何らかの身体的な結びつきがあって、リアルに感じられるようになったことによって、実際表現するだけだから。

フォークが曲がるイメージを、脳の中で整合的にし複雑な世界を維持する。臨場感を上げていく。臨場感を上げる際には、身体的なレベルまでリアリティーを上げていく。

それができるようになるには最低3つの要素が必要でしょう。まずイメージをつくる能力、次にイメージ世界での操作能力、最後に物理空間まで臨場感が出る身体的な能力。その3つがワンセットになるとメンタリストが生まれる。

DaiGo　なるほど、読み解かれましたね（笑）。フォーク曲げは超能力でも何でもなくて、まさに家で、自分の部屋でフォークをたくさん買ってきてさわることから始まります。曲げたときに、ちょっとかたいなあというときは、自分のイメージがうまくつくれていないのです。

そういうときは、かたいし、手が痛いし、うまく曲がらない。それを、場所を変え体の使い方を変え試行錯誤し、最も効率の良い曲げ方を身につけていきます。

苫米地　まさにメンタリスト、全部脳の機能だ。１００本、１０００本、フォークをいじっていれば、恐らくその間にありとあらゆることを試しているわけだ。そうすると、今度は逆に見る側の人たちがどういう状況でどんなリアリティーがつくれるか、全部設計できちゃう。だから見る側の人が、もちろん脳機能として見るのもいいけど、メンタリストが見る人たちにリアリティーが見える世界を構築する能力の話なんだ。

演劇で言うと、「スタニスラフスキーシステム」のモスクワの教授と講演会を近々やる。アメリカには、リー・ストラスバーグという人がスタニスラフスキーシステムをもとにつくった「メソッド演技法」があるんだけど、必ずバーチャルミラーの指導がある。

バーチャルミラーというのは、鏡の置き方で自分の顔の見え方が違うことで、映画やテレビで言うと、Ａカメ、Ｂカメ、Ｃカメでどう映っているか。全方向で後ろだったら、自分がどういうふうに見えているかを全部イメージする。もちろんステージだったら、正面だけじゃないから、左側や右側にもいるわけだし、映画だといろいろなところにカメラがある。全方向から自分の見えている姿を客観的にイメージしながら演技しないと、演技として完成しない。まさにメンタリストはそれができるようになるわけだ。

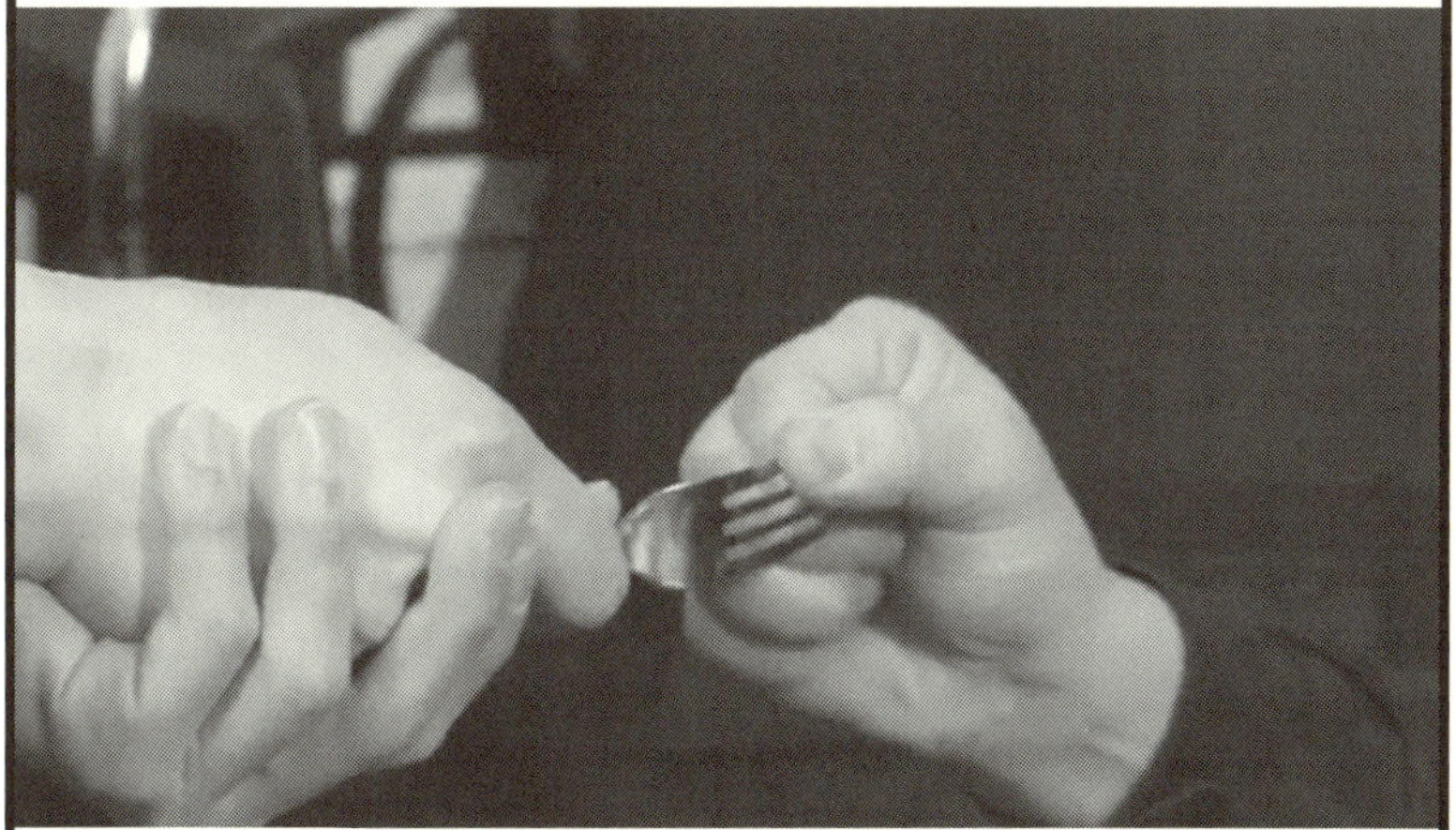

フォークが曲がるイメージをつくる能力と、イメージ世界での操作能力、そして物理空間まで臨場感が出る身体能力が揃うとメンタリストが生まれる。

最初は自分の世界で長い間さわっていたフォークだけど、リアリティーができると、それは自分の目の前で曲がったで終わりだ。Aさんの前とBさんの前でどう曲がるかは、次に新しいリアリティーをつくっていかなきゃいけない。それはまさにバーチャルミラー訓練と同じで、それができるようになることは、メンタリズムは「メンタリストの頭の中で起きている現象」なんだ。

DaiGo　「脳の描いた世界しか存在しない」ということですか。

苫米地　そういうこと。そのすごいところは、だれが何を描いてもいい。その中で一番リアリティーが高いものがみんなの世界になる。ヨーゼフ・ゲッベルスが選んだ世界が、今でいう電通だよ。ゲッベルスはドイツの政治家でプロパガンダという言葉をつくった人。電通もプロパガンダのために日本で育てられた機関だから。まさにプロパガンダの時代のナチスの人たちは、あのゲッベルスのつくった世界がリアリティーなんだから。他人がつくったものが、本人のリアリティーになっちゃうわけだから、だれがつくったかは関係ないんだ。その臨場感にコミットした瞬間に、その人のリアリティーになる。「だれがつくったかとかはどうでもいい」ということがすごいと思うんだ。

メンタリストがつくったリアリティーが、見ている人のリアリティーになってしまうということ。それが世界なんだから。本当に物理的に曲がっているんだ。曲がってなくても曲がっている（笑）。

DaiGo 実際、ダレン・ブラウンは、一切曲がってないフォークを暗示だけで曲がっているように錯覚させせます。

苫米地 戻すのはチョー楽だ。「あっ、戻りました」（笑）。

DaiGo 実際曲がっていないわけですからね。確かにリアリティーがあると、起こっていないことでも勝手に想像して脳が補完してしまうのでしょうね。

苫米地 そうそう、勝手にリアリティーをつくっちゃう。一度リアリティーにコミットしちゃうと、あとは自分で書き込んでくれる。新興宗教なんかそうで、教祖は人前でかっこつけているだけで、家に帰ったら何やっているかわからない。麻原彰晃だって、バナナ食べてステーキ食べているんだ。信者たちは、麻原はかすみを食べていると思っているけど、そんなことはないよ（笑）。デブデブだ。

DaiGo うっかり歯に青のりとかついていたりする。

苫米地 実際はステーキ食べて、バナナかじって、メロンを食べている。彼はメロンが大好きだ。最初のほんの数分間の面談のときの姿だけで、残りの24時間を勝手に想像してくれる。それが信者のリアリティーだから。

DaiGo 確かにメンタリストもすべて心が読めるかのように振る舞いますが、実際読んでいるのは心の一部にすぎません。しかしながら、相手には「全部当たっている」と言われます。

苫米地　それは本人の脳の中にリアリティーができちゃう。それを全部設計しなきゃいけないから、設計できない人はダメな人なんだ。ダレン・ブラウンは、30人くらいの人の前でやっていたけど、彼の頭の中でちゃんと30人分の絵は描けているはずなんだ。そうじゃなかったら、有名になるほど上手になってないでしょう。

失敗したことがかえって好感度アップに。変性意識をつくるときには、第一印象が一番重要

DaiGo　前にTBSでネプチューンの名倉さんの初恋の人の名前を当てるというのをやりました。名倉さんが初恋相手をイメージし、僕がその名前をフリップに書いて当てたのです。放送後には大変な反響がありました、メンタリズムで、初恋相手のフルネームを「完璧に」当てた！　とね。

しかし、実際は完璧には当てていません。記憶を加工し、完璧に当てたという記憶をつくり出したにすぎないのです。僕が当てたのは3つだけなんです。まずは、名前のイニシャル、そして、下の名前が奥さんの名前に近いということ。さらにその名が3文字だということ。これ

以外は何も言ってないんです。実際に出てきた初恋の人の名前というのは漢字でしたが、下の名前は3文字だったんです。

マネージャー　渡辺満里奈の「満」とその人の「満」の漢字が一緒だったんだね。

DaiGo　ただおもしろいのは、漢字で3文字なんですよ。平仮名ではない、漢字で3文字。かつ、満里奈の「満」という字で、あれだけだったんですよ。あとはイニシャルが当たっただけ。でも、終わった後に楽屋の人たちに言われたのは、「すごいね。名前を完璧に当ててるなんて」。フルネームがすべて当たったと言うんですよ。それは多分読み取るときのリアリティーだとか、「全部あなたの頭の中を見通しましょう」とあらかじめ言っておくことで、記憶の加工を起こしている。

苫米地　面倒くさいから一部しか言わなかっただけくらいに思ってもらっている。

DaiGo　逆に失敗したことがリアリティーにつながる場合もあって、「笑っていいとも！」に出たときに、生放送だからとてつもなく緊張して、とんでもない大失敗をしたことがありました。うまく相手の顔が見えなくて、「これはあなたの描いた絵ですね」と言ったら、「違います」（笑）。そして次も失敗する。「じゃ、あなたですか」「違います」（笑）。

苫米地　芸みたいだ。きょうは外し芸の特集をやりましょう。

DaiGo　しかも、「笑っていいとも！」は生放送だから、これじゃ番組にならないといってCMに入っちゃいました。

CMあけても、まだ迷っている。

苫米地　確かに生で外すのはきついね（笑）。「違うところ、使ってね」なんて言えないものね。

DaiGo　そうなんです。最後は描いた絵がきれいに当たったんですが。

苫米地　テレビ局的な発想だと「違います」を連発してくれたほうが、安心してテレビに出しやすいからちょうどいいと思うよ。

DaiGo　なるほど、テレビ局的にはそうですか。それも相手の脳の中のイメージだと思うんですが、ツイッターとかに来ていたメッセージの中には……。

苫米地　「わざと外しましたね」と書いてある。

DaiGo　そうなんです（笑）。「わざと外して陰湿ですよね」と来るんですよ。どう見ても僕は焦っていたのに。

苫米地　わざと焦ったふりをしてた（笑）。

DaiGo　かもしれませんね（笑）。実際、失敗により生まれたリアリティーにより、視聴率も下がっていなかったそうです。

苫米地　だって、外れたほうが楽しいもの。メンタリストが当てるのは当たり前じゃん。当てるために番組をつくっているわけだから、当たって何ぼだ。もしかしたら先に台本で決まっているかもしれないし。やっぱりこれはリアルにやっているんだ。正直者みたいで、かえってそのほうが視聴率とれる。絵としてはそっちのほうがおもしろい。

DaiGo　次からの「笑っていいとも！」は失敗してもいいですよとなりました（笑）。結果的にいい方向に行きました。スタッフに「絶対失敗しませんね」と確認とられていたのに、今はもう「失敗してもいいですから」と言われています。このケースも広義には、人の脳のイメージを使って、人の心を誘導したということになりますね。

そういう脳の中のイメージのつくり方は、前回も苫米地先生がお話しされていた変性意識状態の入り方とも深くかかわりがあるんですか。

苫米地　もちろんかかわりがあるけど、重要なのは、**第一印象が上手につくれないとアウトということ。最初につくった印象をひっくり返すのは極めて難しい。**だから、「笑っていいとも！」の前もしくはテレビ関係者の前でＤａｉＧｏはいい印象ができていたんだ。

DaiGo　一発目は最高でしたね。

苫米地　だから失敗してもダメなやつにならなかったんだ。失敗したことがかえって好感度アップになる。変性意識をつくるときに、最初の第一印象が一番重要なんだ。

DaiGo　確かに「SMAP × SMAP」のときはよかったです。

マネージャー　最近でこそ、よくなってきましたが、これまではプレゼン段階でディレクターに見せるときに、失敗を連続していて、ディレクターに「もういいです」と言われたことがありました。

苫米地　最初の一発目がオーケーだったら、後は大丈夫。変性意識がどうやって起こされるか、いろんなからくりを解いてみると簡単だけど、「変性意識」も「変性じゃない意識」も、目の前の世界を目の当たりに見ているのは釈迦くらい。でも、大して変性度がないのが普通だ。だれが見ても同じ物が置いてあるのをお互い見ているとおりで、大して変性度はないでしょう。

じゃ、その世界は何かというと、記憶で成り立っているわけだ。**我々の認識はすべて記憶で成り立っている。**ペットボトルを見たことがない原始人には、恐らくペットボトルが見えていないと思う。

ペットボトルが置いてあっても機能さえ理解してないということは、記憶としての存在の重要性がだんだん上がっていくのと同じで、重要度が思い切り下がってきちゃうから。知識がないということは、重要度がゼロに近い。

第一印象をつくるときは最初に仕掛ける、相手が自分を評価する前に「イメージをつくる」

苫米地　我々の認識は、ほとんど「過去の認識」を使っている。だから、レイジーにやる。そうしないと、いちいち視覚化情報を全部処理しなきゃいけない。そういう発想になったときに、我々が初対面の人をどうやって見ているかというと、自分が過去に会ったことのある人で判断している。

過去のだれに似ているというのが一番重要で、初対面の人が大嫌いな相手とか苦手な相手と一緒になっていたらアウトなんだ。だから一番簡単なのは、女だったらあこがれのタレントとか大好きな彼氏とか、もしくはまず間違いなく安全なのは父親。男だったら母親とか恋人。それは事前リサーチで、極端な話、お父さんがひげ生やしていたらひげを生やすくらいの。

DaiGo　ある種のホットリーディングですね。

苫米地　とにかく第一印象をつくるときは、最初に仕掛けたほうがいいんだ。ただ、それがプロになってくると、その瞬間ににせの記憶をつくっちゃうから、だれの前に行っても理想の恋人になって現れちゃう。それができるようになると楽だけど、それができるまではリサーチが必要。実はそれが変性意識だ。だって、自分を見てもらっているのに、自分ではない、過去に本人にとって強い影響力を与えた重要な人として会っちゃうわけだから。

編集　どのようにそれをつくり出せるんですか。

苫米地　プロのわざから逆に説明すると、会った瞬間に、相手が自分を評価する時間を与える前に、相手を見て、どういう人物に対して強い影響力を受けているかというイメージを読み取って、それになりきって与えるということ。

DaiGo　なってしまうというのは心を読んでいるということですか。読むところは観察や直感で可能だとしても、「そのイメージに自分がなる」というところが非常に難しい気がします。

苫米地　忍術の例で言うと、相手の前をタヌキとして歩きたいときはタヌキになっちゃうんだ。

DaiGo　自分の中の気持ちが、ということですね。

苫米地　そうそう。そうすると、相手にはタヌキにしか見えない。

DaiGo　その理論はわからなくはないですね。

苫米地　ただ最初のうちは、そんなことをしなくても時間的な余裕があるわけだから。この人とはいつ会うとわかっているから、相手について調べればいいわけだ。

DaiGo　ホットリーディングですね。読み取るということも難しいところですね。

苫米地　それは慣れてくると大体わかる。顔に書いてあるから。だから、変性意識の発想で先に知っておかなきゃいけないのはプロフェッショナルの世界。**変性意識の世界は常にこちらがつくってあげる、常に仕掛けるということ。勝手に生成された変性意識は自分の周りにはないということにする。ということは、リアリティーはこちらが全部つくってあげるということで**

す。すべての支配を維持しているということ。

その1発目は、会った瞬間につくるということ。一度会った瞬間にできちゃうと、それは強い記憶で残るから、次は楽だ。まさに一目ぼれ現象と同じで、一目ぼれされることはあっても嫌われることはない。一目嫌いになったら、それをひっくり返すのはすごく大変だ。最初の第一印象はすごく重要。

——タレントはそういう意味で言ったら得ですね。ずっと顔を見せ続けて認知させている。

苫米地 そうそう、だからすごい楽。ただ、タレントの世界の中で、プロデューサーだ、ディレクターだ、その他のタレントだとどうやってつき合っていくかという枠組みの中では同じ。DaiGoはしくじったのに好感度が上がっていたということは、すでに彼らの認識の中にいいキャラクターとしてでき上がっているんだ。だから今回は成功しているんだ。認識はもうでき上がっているから、あとは楽。

DaiGo 最初の印象が大事というのはメンタリストの中では常識ですね。一番最初にフォークを使うのもその狙いがあります。実際、心理学でも、最初の7秒くらいで第一印象が決まり、その印象は簡単にはひっくり返せないといいます。僕もよく雑誌などのインタビューで話しますが、近いような感じがします。

苫米地 認識とはそういうものだから。リアリティーは相手や周りに勝手につくられている。

ただし、絶対勝手につくらせない。すべてのリアリティーはこっちがつくってあげる。

DaiGo　勝手に相手がつくるようになってしまったら、対峙する相手によってイメージが変わってしまうということですね。

苫米地　自分はコントロールできないから、曲がるはずのフォークが曲がってないように見られるし、曲がっているのに伸びてますと言われるし（笑）。自分でコントロールできない世界になるからね。

DaiGo　確かにうちのマネージャーも、最初はまじめな感じで入ってきて、あとから関西人が出てボケ始めるんです。最初、まじめに接していると、それで第一印象ができているから、皆さん、言うんですね。本当はまじめな人なのに、今は心を開いて接してくれている、と。

苫米地　一生懸命ボケている関西人（笑）。

マネージャー　最初の第一印象は大切ですよ。

苫米地　一度認識すると、記憶ができちゃうからね。

トリックを使うキリスト教の布教マニュアル

DaiGo　そういう意味では、「超能力の謎」というテーマに即して考えると、超能力者は一番最初に奇跡を起こして、その後はみんなが勝手に解釈し始めるということですね。

苫米地 全くそのとおり。周りが勝手に解釈する。

DaiGo 日本でも天草四郎がいましたが、あの人も奇跡を見せていたとか。

苫米地 キリスト教系の人だから、奇跡が好きなんだ。

DaiGo 水の上を歩いたとか。伝説は多く残っていますが、奇跡は1回しか起こしていないらしいんですね。ステージショーのような形で、一度見せただけ。

苫米地 それは聖書とか読んでいる人が、きっとあの人もやるんだろうといううわさが勝手に広まったんだ。

DaiGo しかけは簡単で、水の底にくいを打っておいて、夜のうちに板を敷いておいて翌日に歩く、ただそれだけだったらしいんですけど、それを見た人たちが勝手にいろいろ広めていく。

苫米地 天草四郎が水の上を歩いたと。

DaiGo 水の上を歩いて登場するだけではありません。それを見た武士たちがひれ伏したのです。ただし、武士の格好をした協力者の可能性が大きいですが。当時、日本には厳しい階級制度がありましたから、これは民衆に衝撃を与えました。権威催眠が入って、群集のコントロールにつながったのかもしれません。

天草四郎は水の上を歩いていたという伝説で皆の関心を集めた。これもキリスト教の布教テクニックか。

苫米地　天草四郎って、そんな演出してたんだ。

DaiGo　みたいですね。ある番組でそういう話を語ってくれと言われて、僕は歴史には全く疎かったんですが、マネージャーが詳しかった。歴史の話が真実かどうかは別として、理論的には確かに正しいです。

苫米地　キリスト教の布教マニュアルに奇跡を使うというのがあるから、もしかして使っていたのかもしれないね。天草四郎の後ろにイエズス会神父がいた可能性がある。

DaiGo　実際、天草四郎のプロデュースをしていたのは天草四郎の父親で、熱心なキリスト教徒だったらしいです。

苫米地　布教マニュアルにあるんだ。未開の地の人をどうやってひれ伏せさせるかのノウハウが。

DaiGo　実際、メンタリストの中でも、特にトリック、ほとんどマジックのようなものを使った例もあって、アフリカを植民地化するためにフランスが行ったと聞いたことがあります。

村の中の一番力がある男を出してこいと言って出してきた。ステージ上に小さい箱が置いてあって、メンタリストが立っている。その状態でメンタリストが軽々とその箱を持ち上げてみせる。村一番の男を近寄らせて、「この箱はすごく重いから持ち上げられないぞ」と言ったら、持ち上げられない。でも彼よりもっと細い、小さいメンタリストは持ち上げられた。それを見せたことによって、この西洋人たちには自分たちは勝てないと全体に思い込ませて、植民地化をスムーズに進めたという例があるらしいです。

苫米地　どういうからくりだったの？

DaiGo　最初は催眠的なものと言う人たちもいるんですけど、メンタリストの僕の観点から見ると、それは完全なトリックですね。

苫米地　クリップをつけていたんだ。

DaiGo　そうですね。その可能性もありますね。

苫米地　ちょっと横に回すとひっかかって。

DaiGo　ねじ的なものですね。要するにネタは何でもいいんですよ。それによって周囲にどういう影響を与えるかが大事です。

「すべては幻」ということを認識するために瞑想がある

DaiGo　ちょっと超能力とは違うのかもしれませんが、「瞑想で変性意識に入り込む」ことができますか。一般的にそう言われているようですが、自分から入り込むというのも……。

苫米地 だから、それは逆で、瞑想で「変性意識から抜ける」。それを「悟り」と言う。

我々はすべて変性意識の中にいるでしょう。だって、電通などの広告代理店がつくったリアリティーがいい味だと思っているわけだ。コンビニで買いたいものをはじめ、我々の消費行動はすべてだれかに決められているわけでしょう。ということは、リアリティーじゃない。家の中にあるものは全部おカネ出して買ったものでしょう。泥棒した人もいるかもしれないけど。でも、泥棒するとき、何でそれが欲しいかというと、テレビのCMに出ていたから。見ていなかったら欲しくないわけだから。我々の身の回りで自分の目に入るものは絶対にテレビのCMもしくはそれに準ずるもので、欲しいと思わされて手に入れたものしか周りに並んでないんだよ。

除く、私ね。私の身の回りのものは、ほとんど電通は関係ないからね(笑)。ほとんどすべてオーダーメイド。あと、1950年代ものとかだから、CMにならないし、売ってないから。

普通の人は、家の中にあるもの、自分の目に入るものはすべてCMで見たもの。もちろん、そうじゃないものもあるんだろうけど、そういうものはスコトーマの原理で。目に入らないわけでしょう。我々の認識に上がっているものは、すべて他人につくられたものでしょう。「他人のつくったもの、それを変性意識」と言う。自分でつくったものも変性意識というんだけど、自然界にないものを人がつくったわけで、最初から自然界にある、ありのままのものは変性意識と言わない。
変性意識じゃなかったら、例えばあのドアにはってあるポスターの「ザグレーテストボクシング」で、私がスポンサーをやっている世界チャンピオン戸高秀樹のジムだけど、あのポスターは単なる絵の具の色にしか見えないんだよ。だって、「グレーテスト」と字を読んじゃったら、変性意識でしょう。文字空間の変性意識だ。あれがボクシングのポスターと認識した瞬間に変性意識だ。ありのままに見ると、あれはただの色の連続の光の反射にすぎないわけで、文字としても読めない。変性意識じゃないということは、すべてを物理的にありのままのみだから。物として認識しないんだ。存在として認識したということは、すでにそれは変性意識化しているということなんだ。

DaiGo　瞑想というのは、そういうことから抜け出せるということですか?

苫米地　瞑想の目的は、それから抜けること。そのために、密教瞑想みたいにわざわざ物をつくることもする。わざわざ観音さんや如来を見たりするでしょう。自分の心がつくり出した幻だということを認識するためにわざわざ見てみるだけの話であって、最後は同じで、**「すべては幻」ということを認識するために瞑想があるわけだから。瞑想は「すべてこの世は空である」ということを悟るため。**

つまり、変性意識から抜けるためにあるのが瞑想だ。変性意識をつくるために瞑想をすると思っている人は、まず基本を理解しないといけない。

ダイナミックに、密教的に瞑想をやるときには、そのための中間的な方法として、自分でわざわざイメージをつくっていく。それが変性意識。目的があるわけだから。瞑想は何のためにあるか。目的があるから、手段に名前がつく。移動のための道具で、例えば東京からニューヨークに飛ぶためのものを飛行機と言う。全く同じものでも、一切飛ばないものは飛行機と言わない。オブジェかもしれないし。それがミッドタウンに置いてあったらオブジェになる。すべての存在は、必ずその使用目的があって名前がついている。

「ザグレーテストボクシング」がポスターになるのは、ポスターとして有効期限前だからであって、試合が終わったらポスターにならない。元ポスターにはなるでしょう。もしくは、ただの飾り。イベントのポスターはポスター日までしかポスターと呼んじゃいけない。実際、法律だってそうで、選挙ポスターは選挙日すぎたらはがさないと。あっちゃいけないんだから。だから、機能があって初めて名前が存在する。機能があって存在になるからだ。機能を持たないものは存在とは言わない。

「この世が変性意識」ということを忘れてはいけません

苫米地　瞑想というのは、目的があるから瞑想と言う。瞑想の目的は宗教によって違うんだけど、もともとの瞑想が有名だったバラモン教で言えば「解脱《げだつ》」だ。そこから出た仏教で言えば「悟り」。キリスト教会でも瞑想っぽいことをやるけど、それは当たり前で、神の国に行くことだから。

そういう目的以外、瞑想と言っちゃいけないんだ。座って、好き勝手に、あしたの晩メシ、何にしようかなと考えた人が「瞑想してます」というのは間違い。それは瞑想と言わない。ニア瞑想と言うかもしれないけど、社会的にはそれは瞑想と呼ばれない。「雑念と言うのよ」と言ってあげなきゃいけない（笑）。

DaiGo　あしたのご飯を瞑想するというのは、なかなかシュールな話ですね（笑）。

苫米地　瞑想と言わないよと言われちゃうわけだ。

DaiGo　悟った、あしたはハンバーグにしよう（笑）。

苫米地　やってることは似ているようだけど、全然違うということ。日付が過ぎたポスターと同じ。瞑想と正式に社会的用語で言うときは、宗教がその代表だけど、大体は「神になる」か、「解脱する」か、「神のところに行く」か、神がないことを「悟る」か、そのどれか以外、瞑想と呼んじゃいけないということ。それ以外は雑念と言う。多くの人がやっていることは雑念。

瞑想と呼ばれるものの目的は、変性意識をつくることじゃなく、変性意識から抜けること。

キリスト教で言うと、本来の神のメッセージを知ることであって、そうじゃないものはこの世にあふれているから。そういう変性意識下にいるからでしょう。解脱もみんなそう。「この世が変性意識」だということを忘れちゃいけませんということ。目に映る存在は全部変性意識の生成物だ。だれもほんものの物理世界を見てない。

変性意識の変性度の強いやつを「トランス」と言う。普通に会話しているような人をトランスと言わないで、どう考えても頭がおかしくなったような人をトランスと言う。変性度の高いものをトランスと言う。

DaiGo　酩酊状態はどうなんでしょうか。

苫米地　酩酊もトランスのひとつ。ただ、そういうのをトランスと呼ばれると喜ばれない。というのは、トランスと言っている人たちは、瞑想の一環として、その中で強度の状態をトランスと呼んでいるわけだから。解脱したくて火の上を歩いちゃっているような人はトランス状態にいる。痛くもなく熱くもないのは、トランスでしょう。

DaiGo　確かに火の上を歩いている人と、千鳥足で六本木の交差点を歩いている人と一緒にしたら、ちょっとおかしいですね。怒られます。

苫米地　あれは、ただの酔っぱらいだから（笑）。酩酊も、私には同じに見えるけど、本人たちにとっては不名誉だ。

DaiGo　まあ、そうですね。

脳内麻薬のドーパミン、セロトニンはいくらでも分泌する

DaiGo　ドーパミンとセロトニンの分泌の話をしたいのですが、いったい「催眠」とは何なのでしょうか。催眠というのは相手とのかかわりの中にある「社会心理学的な状態」を表しており、「催眠という状態はない」と言う人たちもいますね。実際、脳の状態を計測しても、覚醒状態と催眠状態には、あまり優位な差が見られないという結果も見たことがあります。特に分泌されている脳内伝達物質がないという人もいますが、どうなんでしょうか。

苫米地　それは何とでも答えられるね。

まず、催眠という言葉は英語で言うと「ヒプノーシス」だね。それは技術につけた名前で、

状態につけた名前じゃない。それを間違っている人がいる。催眠術という言葉があるけど、ヒプノーシスは催眠術の訳だ。ヒプノーシスを「催眠」と訳しちゃダメなんだ。「催眠術」と訳さなきゃいけない。

日本語でヒプノーシスを「催眠」と訳している人がいる。睡眠というと寝ている状態のことでしょう。睡眠術と睡眠じゃ違うわけだから。でも、催眠の場合は、催眠術と催眠を一緒にされている。それが大きな間違いで、ヒプノーシスは「催眠術」だ。催眠状態のことじゃない。催眠状態の言葉はない。オルタード・ステーツ・オブ・コンシャスネス（ＡＳＣ）と学術的に言うけど、ＡＳＣは催眠状態のこと。ただし、その場合は催眠術以外の方法を変性意識状態で起こされてもＡＳＣなんだ。変性意識の英語名は、簡単に言うとＡＳＣ。

催眠状態を調べましたと言ったとき、「ちょっと待って。君、どうやって催眠を起こしたの？」と聞かなきゃいけない。ジェームス・ブレイドの凝視法、エリクソン派、それをどうやって起こしたかで脳内状態が違うに決まっているんだ。

脳波とったら、目をあけているとき、いきなりβ波が出ても、目をつぶった瞬間、β波は下がるからね。開眼でα波がたくさん出る人はほとんどいない。それと同じで、開眼でもαが出ちゃうほど瞑想が上手な人は、目をあけて寝ているだけの話で、それを開眼というかどうかは別として、どっちにしても寝ているんだ。「催眠」と「催眠術」を混同した人たちがいるから、もしもそういうことを言っている学者がいたら、「きょうから大学やめてください」だ。用語の定義さえわからずに言っているわけだから。

ヒプノーシスの日本語訳は「催眠術」。日本催眠術協会はジャパン・ヒプノーシス・アソシエーションで、ヒプノーシス・テクニック・アソシエーションじゃない。ヒプノーシスに「術」という言葉が入っている。**催眠術で引き起こされた変性意識状態を催眠状態と言う。**言葉として意味があるかどうかは別として。

催眠状態で脳波がどうですかという質問はすることができる。でも、術の名前なんだから、催眠術はたくさんの術名を全部まとめて言った名前でしょう。外科手術みたいなもので、どこを切りますかとまず聞くわけだ。外科手術するには「どの辺が痛いんですか」と聞く。それと同じで、「催眠術だと脳波はどう？」「どういう催眠術？」と聞かなきゃいけない。そうすると、目をあけている催眠術か、目をつぶっている催眠術かで、α波が出るか、β波が出るか、θ波が出るか全然違ってくる。言語誘導か否かで、言語野が活性化しているか、いないか、全然違う。それと同じで、ドーパミンが出るケース、セロトニンが出るケースなど、全部違うわけだ。

セロトニンはドーパミンが出ても最後に出てくるけど、少なくともβ-エンドルフィンかノルアドレナリンが先に出ているかで、脳内状態は、全然違う。それを催眠状態でといっしょくたにしている人は、催眠術を知らない素人学者だ。

だから、私の答えは簡単で、どんな脳波状態にもしてあげます。どんな脳内伝達物質も出してあげます。「催眠状態でβ波になりたい」「わかった。やってあげるよ」だ。「αになりたい」「ああ、やってあげるよ」「セロトニンを出す」「ああ、やってあげるよ」。何でも出せるし、何にでもなります。なぜかと言うと、それぞれに術があるからなんだ。全部合わせて変性意識状態。ただし、この世は実は「人生という強烈な催眠状態」にあるわけだから。

DaiGo 急に哲学的な話になりましたね。

苫米地 それはそうだよ。体で引き起こされた呼吸と、心拍で引き起こされ、そして広告代理店によって引き起こされた、「この世という催眠状態」があるわけだから。この世そのものが催眠状態だ。この世の中でいろんな脳波があって、セロトニンが出たりドーパミンが出たりする。催眠状態でもいろんなものが出るというのは当たり前だということ。

モンロー研究所のヘミシンクは簡単に変性意識に入れるのか？ それは言われているような死後の世界なのか？

苫米地 モンロー研究所は名前が先行してる集団だから。ヘミシンクなんか、すごい昔の技術だ。ヘミシンクで変性意識に入れるけど、それは、変性意識のひとつにすぎない。

DaiGo　「言われているような死後の世界であるのか?」。

苫米地　それはただのオカルト。生きている人は死後の世界を見られないんだ。「あなた、死んでませんね」で終わりだ。死後の世界?　「バカだろう。死んでないじゃん」で終わり。

DaiGo　脳細胞はいくつか死んでいるかもしれないですね。

苫米地　意味ない言葉、言うなだ。東京にいる人がニューヨークを見てきましたと言うのも、行ったんならわかるけど、行ってもないのに行ったと言うな、と同じでしょう。ただのうそつきなんだ。「死後の世界、見ました」「君、生きてるけど」で終わりだ。「死んできました」というのはない。死んだら生き返られないから。

DaiGo　三途の川が。

苫米地　それは死んでないんだ。よくニア・デスと言うけど、ニアなんだから。デスじゃないんだ。もちろん、キリスト教世界では、唯一、イエス・キリストは生き返ったというのは認めてあげないとぶっ飛ばされるけど。キリスト教世界は一応死んだ人ひとりだけ生き返っている。それ以外は誰も生き返られない。

DaiGo　苫米地先生が初めて譲歩している。さすがにキリスト教には敬意を払っているのですか?（笑）

苫米地　本当にイエス・キリストが物理的に生き返ったと思っているキリスト教徒は原理主義

者で、今どきの解釈は違うけど。比喩もしくは方便と思っている。例えばイエスの言葉が復活した比喩ととらえることもできる。

DaiGo 密教の話と近いところですね。

苫米地 だって、だれも生き返ったところを見ていない。聖書もそうでしょう。

DaiGo 死体がなくなったという感じですね。

苫米地 なくなっていたのを見た。それはいいけど、普通、なくなっていたのを見たら、盗まれたと思うほうが先なのに、奇跡だと思うところがわからない。

DaiGo キリストは神がかった力のある人という前提が入っていたから、死体がなくなったことが生き返ったことになった感じがする。

苫米地 当時、マリアだか女性が見に行って死体がなかったのは、絶対泥棒されたんだと思うよ。または本人達が隠した。後の人たちが、これは生き返ったんだとしたのだと思うよ。

DaiGo 「盗まれた」「いや、違うんじゃない。復活したんじゃないか」と言い始めた人たちがいる?

苫米地 「盗まれた? そういう言い方はしないでよ。復活と言ってよ」みたいに修正されちゃった。私自身はイエスのメッセージが復活したことの比喩で使われていると認識している。聖書の暗号。

変性意識に入り込むアンカーはどう作るのか？

DaiGo　「変性意識に入り込むアンカー（きっかけ）はどうつくるのか？」というのはちょっと気になりますけど。

苫米地　変性意識のアンカーは簡単で、過去に変性意識に成功したときに、何かに結びつけておけばいいだけ。例えばメンタリストが言っているような変性意識を引き起こしたら、自分が引き起こした変性意識に相手が入ってくれた何かと結びつけるわけだ。逆に自分でやりたい人は、自分が変性意識に入ったとき、自分で何かと結びつけるわけだ。結びつけたものに対して結びついちゃうから、どっちのコントロールが維持されるかだから。コントロールしたい人が自分で引き起こされた変性意識に結びつけをすれば、それはアンカーをつくっちゃうということ。変性意識がアンカーになるから、トリガーが何かを過去の成功したものに結びつける。変性意識の生成に成功したときに結びつけてしまえばいいということです。

DaiGo　ショーの一番最初に、相手をびっくりさせたときにアンカリングをしておいて、ショーの一番最後にそれを使うというのはよくやる手法です。それの強化版みたいなものですね。

苫米地 強化版みたいなもの。エッチのときに「いく」と言うのと同じで、「いく」という言葉に気持ちいいのを結びつけておくから、次に「いく」と言ったら気持ちよくなるのと同じ。アダム徳永方式。だって、明らかに快感が強い変性意識だもの。さめたら一瞬で終わり。

バーチャルこそが現実だ

DaiGo 「バーチャルこそ現実だ」というのは？

苫米地 バーチャルこそは現実じゃなく、バーチャルとバーチャルじゃないものの差がないんだ。認知科学以前のリアリティーの定義は、物理的な現実世界をリアリティーと言った。というのは、脳の内部表現というモデルがない時代だから。物理世界と心の世界が分かれていた。

認知科学以降は、東洋的な唯識とすごく似てきて、心がつくった世界をリアリティーと言う。当たり前で、脳がないリアリティーはない。脳が認識したものをリアリティーと呼んでいる。たくさんの変性意識による可能性としての世界がある。その中で、臨場感が高い現実世界もしくはバーチャル・リアリティーをリアリティーと呼ぶ。だから、**現実世界もバーチャル・リアリティーのひとつ。だって、脳の中の世界はバーチャル・リアリティーでしょう。言葉の世界もそうだし。その中でリアリティーが高いやつを「現実」と呼ぶ。現実の定義が変わった。す**

べての現実はバーチャル・リアリティー。

ただし、何でわざわざ現実と言うのかというと、その中でリアリティーの特に高いやつを現実と言う。「君は現実を見てない」とか言うときに、ペットボトルが見えてないと、それはペットボトルがなぜか見えなかったわけだから。その人のリアリティーだ。でも現実を見てないと言われると、「いや、私の現実にはないです」「私の現実にはある」。現実が違う。物理的現実世界がひとつだったとしても、実際、人間の数だけあるのが物理的現実世界。現実世界は人の数だけあるんだからそれでいい。

DaiGo　さっきお話しされた、ペットボトルを知らない人にはこれが見えないという話でちょっと思ったんですが、僕ら**メンタリストはミスディレクションといって、言語的な誘導とか動きによって盲点をつくります。すると、本当はそこに最初から存在しているのに見えなくなります。見えているのに見ていないのです。ミスディレクションを解くと、それが見えるようになるので相手が驚く。**このような手法はメンタリズムでも頻繁に利用しますが、暗示や誘導によってリアリティーをゆがめることも可能ということですか。

苫米地　「ゆがめたりするのは可能」という言葉は、認知科学以前の言い方になっちゃったんだ。**ゆがめているんじゃなく、それがリアリティーなんだ。ゆがんでいる状態をリアリティーと言う。**リアリティーが変わったわけ。最初に見えていたものが見えなかったのがリアリティーで、次に見えているのがリアリティーだから。ひとつのリアリティーから別なリアリティーに変わったということ。

DaiGo　リアリティーはひとつではないということですね。

苫米地　リアリティーは、その人にとっては常に1個しかないけど、現実的に臨場感があるやつをリアリティーと呼んでいるだけ。

ゲシュタルトという概念

苫米地　人間は、ゲシュタルトは1個しか維持できないという性質を持っている。体温は、同時に2つの体温を維持できない。それができたら死ぬようにできている。当たり前で、2つ以上の平衡はつくれないから平衡と言うんだ。宇宙もそうで、平衡はひとつだ。平衡状態を生体ではホメオスタシスと言うわけだ。それを情報空間では「ホメオスタシス」と言わないで「ゲシュタルト」と言う。

我々は1個のゲシュタルトしか維持できないから、リアリティーは実は1個しかない。潜在的には無限のリアリティーがあるわけだけど、常に1個のリアリティーが選び出される。メンタリストの言葉やわざは、ゲシュタルトを構築するための道具なんだ。

1個のゲシュタルトが構築されると、そのゲシュタルトしか維持できないから、そのときにペットボトルが統合されていれば見えるけど、統合されていないと見えないゲシュタルトなんだ。別な言葉で言うと、ゲシュタルトの中にペットボトルを入れてあげると、見えたゲシュタルトができるようになる。

DaiGo　ゲシュタルトそのものが変わっているというより、そこに誘導や暗示によって何かが運び込まれている。

苫米地　それでひとつのゲシュタルトがつくられるわけだ。それをリアリティーと言う。1個の維持されたゲシュタルトのことをリアリティーと言う。

ゲシュタルトという概念がわかると、メンタリストのわざはすごくいろんなことが説明可能になると思う。例えばエリクソン派だったら、ハンドシェイク・インダクション（握手誘導）がある。あれは実はマービン・ミンスキーなどの認知科学以降の用語ではフレームと呼んでいるけど、昔の用語だとゲシュタルトだ。握手というゲシュタルトをつくる。握手というフレームね。一度握手しましょうと言って握手から始まると、両方の手がくっついて握って、はい、終わりというところまで一連の動作がゲシュタルト。一度人間はゲシュタルトにコミットしちゃうと離れられないんだ。だから、電話している人に声かけると、ちゃんと空中で手がとまっている。猫だってそうだ。頭かいているポーズで手がとまっているんだ。それはゲシュタルトが維持されてしまうわけ。

例えばハンドシェイク・インダクションで手首をつかんだりとかさわったりとかいろんなことをするんだけど、握手の動作を中断する。それをフレームの中断と認知科学用語では言うけど、ゲシュタルトに対して上手に中断をかけると、本人は中断していることに気がつかない。その上で、ゲシュタルトが統合されるのを待つしかない。そうすると、こうやって握っているのもひとつのゲシュタルトだし、その手を持ちかえられちゃって次に進めると、今度はそっちを統合されちゃう。それでミセスエリクソン法みたいに顔に近づけて暗示行為などの先に進めるとか、いろんなバラエティーがある。

DaiGo　実際、ダレン・ブラウンも、握手するかと思いきや、いきなり反対側の手で押さえてテーブルに置いて、そこから暗示に入れていきますね。

苫米地　それはエリクソン派のハンドシェイクになるけど、ハンドシェイクが終わってない。頭の中では、ハンドシェイクを始めた状態が、手が終わってもまだ続いている。ということは、内部表現を切り離された不安定な状態がつくられている。それを安定させるために、何か暗示を入れるなどしてからハンドシェイクを終わらせると安定する。

一番簡単なのは、握手するときに一緒にとめて、「きょうは判こ押して帰ろうね」と言って握手すると、判こ押して帰るというゲシュタルトが生まれちゃうから、帰りに「判こ押さないんですか」と向こうからお願いされちゃうんだ。それが統合だから。入れたものを統合してゲシュタルトができる。

DaiGo 今度からギャラを上げてくださいねと言って。

苫米地 そうそう。ギャラを上げないといられない人ができちゃう（笑）。ゲシュタルトから抜いちゃうと、今度はそれが見えなくなっちゃう。

DaiGo ギャラを上げる方法を教えてもらいました（笑）。

前頭葉が超能力に関係するという説

DaiGo 「前頭葉が超能力に関係する」話を聞かせてください。

苫米地 前頭葉が超能力に関係するのは当たり前で、脳がない人は超能力がない。前頭葉がない人は死んでいるから（笑）。心臓が超能力に関係するのと同じ。

――どこでも言えるんですね。

苫米地 もちろん。だって、超能力は人間としてのすべての機能を利用するわけだから、心臓が欠けてもそう簡単にできないし。

DaiGo 心臓が欠けたら、人間としてそう簡単にできないから。

――もうひとつ言うと、知覚することができるのが人間だから、動物にとっては超能力がないかもしれないですからね。

苫米地　というか、すべては情報空間になるからね。超能力は、先ほど説明した、たくさんの臨場感の世界のどれかひとつがリアリティーになるわけでしょう。超能力というのは、超能力者がやっている超常現象がリアリティーに入ってくるわけだから、超常現象の世界を構築してあげなきゃいけない。情報空間は前頭前野で認識するんだから、前頭前野がない人は超能力の世界を認識する能力がないんだ。ましてや、つくることはできない。だから、超能力が前頭葉なのは当たり前で、物理空間じゃないということ。情報空間。

超能力が物理空間だったら、超能力と言わないから。最初からあるじゃないかになってしまう。ないものが見えるから、ないのは情報空間だから、情報空間のリアリティーを出すのを前頭前野と言う。

DaiGo　根本的な話ですね。

苫米地　そういうこと。当たり前で終わり。

DaiGo　脳科学系の論文でおもしろかったのは、幽体離脱に関する論文ですね。オックスフォード大学教授のロジャー・ペンフィールドが書いた有名な論文で、前頭葉のある部分に電気刺激を与えると、幽体離脱を体験するというものです。

苫米地　それは実際起きる。

DaiGo　ペンフィールドがそれを解明する前は、幽体離脱はスピリチュアル現象だったかもしれませんが、人間の脳が持つ機能のひとつであることが、すでに証明されているわけですね。

苫米地　解明しているんだけど、言わないんだよ。私の音源にも、幽体離脱を出す音源はいっぱいある。

DaiGo　それは音楽を使ってその部分に刺激を与えるということですか。

苫米地　そうそう。でも言わないよ、楽しくないから。「ギターのメロディーのおかげで飛びました」と言ってほしい。「音源のおかげであの世に行っちゃいました」と言われてもちっともうれしくないから。

DaiGo　そこまで行ったら、ミュージシャンじゃないですか（笑）。

苫米地　本当に幽体離脱を出す音源はいっぱいある。

数式で記述できる「言語宇宙」と秘密の音源「あの世宇宙」

DaiGo　全然関係ないですけど、苫米地先生のヘアスタイルはミュージシャン系なのですか。

苫米地　面倒くさい系だね。

DaiGo　苫米地先生はクラシックに造詣が深いように思えますが、大体ロックですね。

前の本でも、脳の97％が使われていないというお話がありました。

苫米地　何％かわからないんだ。パソコンの容量の何％を使ってますかといったときに、メモリーの容量になったら言える。CPUのクロックサイクルのことは言える。でも、私がある波動方程式をパソコンで計算して、これで容量の何％使うかわからない。情報空間の話だから。

さっき言った情報空間の情報処理の能力は、人間がどのくらいあるかというのは、頭のいい人と悪い人で違う。君はバカだから脳もあまり使ってない、君は賢いから結構使っているというのは言えるけど、人間にどのくらい潜在的に能力があるのかは、「釈迦になったら千倍、万倍よ」とは言えるけど、何％しか使ってないという意味合いはほとんどないんだ。その人の脳はあと97％使えると言われても、これだけバカだと無理だよで終わりだ。

DaiGo　その人にとっての97％ということで、個体差があるということですね。

苫米地　脳の潜在能力じゃないから。

情報空間だから、上に行くだけ巨大に広がっていく。1個抽象度が上がると、レベルが突然広がっていくわけだ。

DaiGo　なるほど。苫米地先生の専門だと思われますが、計算言語学とはどういうものなんですか。

苫米地　もともとは言語を数学で表すことをやりたかった。人工知能とか哲学とかそうだけど、アメリカの哲学は、簡単に言うと、数学で表せないものを哲学と言わない。数学で形式的に記述するということ。ノーム・チョムスキーがその代表だけど、有名なカール・ポラードという私の指導教授だった先生は、物理学者の宇宙のように言語宇宙というのがあって、物理学の波動方程式のように言語理論の方程式があると言っていた。我々の言語理論は物理学者の波動方程式と同じだ。ただし、彼らがやっているのは物理宇宙で、我々が書いているのは言語宇宙。

それは波動方程式で記述できると信じている。その波動方程式を研究する分野を計算言語学と言う。だから、言語宇宙の数学。やっぱり数学なんだ。ただし、宇宙が違って物理宇宙じゃないんだ。言語宇宙なんだ。

——言語宇宙というのは何なんでしょうか。

苫米地　言語ででき上がった空間。

——言語は民族によっても違うと思いますが。

苫米地　もちろんそうだけど、いい質問で、「すべての言語のもとは同じ」と言っている人がノーム・チョムスキーのユニバーサルグラマーで、それの最初の理論の『Aspects of the Theory of Syntax』という古い本から理論モデルをとったやつがNLPになる。

DaiGo 物理宇宙と波動方程式の話ですが、僕は物理で波動方程式をやっていたので、わかりやすいですね。結局座標のとり方で変わると思うんです。同じように、座標のどこを中心にするかという座標軸のとり方を言語に見立てれば、言語に様々な違いがあるというのが何となく理解できます。

苫米地 最近のチョムスキー理論だと、パラメーターのセッティングにすぎないという言い方をしている。すべての言語の理論は同じ波動方程式が使えるんだけど、パラメーターをかえることによって変わる。それだって、ちょうど11次元のひもが成功するには、パラメーター1個狂っていたら、我々の宇宙はできてないわけだから。でも、理論的には違うパラメーター宇宙があってもいいわけだ。物理宇宙としては存在してないけど、数学上の宇宙があっていいわけでしょう。

言語学もそうで、アメリカ人には、日本語は存在しない言語だけど、そんなことはない。彼らの頭の中では理論上の言語だけど、こっちにはリアルな世界でしょう。言語も、宇宙がたくさんある。それをパラメーターの違いだけで表記できちゃうよというのが、チョムスキーの大分あとの理論。チョムスキーで言うと、「アスペクツ」があって、GB（ガバメント・バインディング）があって、Xバー理論があって、それからパラメーターアンドプリンシプル。ムーブα《アルファ》。全部理論に名前がついている。

——苫米地さんは、さまざまな言語を一度分解して、例えば音源に活用されたりとかされているのですか。

苫米地　音源に入れるとき、どうしているかということ？

ちょっとだけ秘密を明かすと、チョムスキーとは違う、物理とも違う、別な宇宙があるんだ。「あの世宇宙」。違う宇宙があって、そこの宇宙の波動方程式を音源に入れていると思ったほうがいいかもしれない。言語化されているようで、言語じゃないんだ。脳機能音源の「おっぱいが大きくなる着うた」は、「胸が大きくなる、胸が大きくなる」と何度も言っているわけじゃない。だから、外国人でも大きくなる。

コンピュータに人格が出てくる可能性がある!?

DaiGo　僕はもともと人工知能に応用できる記憶材料の研究をやっていたので、人間の場合も、情報が外から入ったときにどう処理され、ニューロンのネットワーク内のどの経路をたどるかが重要だと思うんです。僕が思うのは、音で入った情報も、脳の中でこのネットワークを通ったからこれは言語だ、あるいは音楽だになるし、視覚で入った情報も同じですね。

苫米地　まさにそういうこと。計算言語学は学問としてはちょっと分野がせまい。私が博士号をもらったのは計算言語学だけど、研究対象はもっと広い。私は経済学はもう要らないと言った。実際、今の最先端の経済学者は、投資家の心理行動を言うけど、どこが経済だ、それは心理学じゃないかと思う。

それと同じで、計算言語学も、私が大学院生のころは、言語宇宙ということだけを研究することがいい学問だったんだけど、いつの間にかそうじゃなく、感情のこととか文脈のこととかになった。まさに人工知能をやっていると、文脈がないと認識できないんだから。ちょっと待って、それって言語理論だけじゃダメじゃんになっちゃうわけでしょう。そういうのまで広げて計算言語学と言ってもいいけど、ハードコアの計算言語学は、そこを広げたのを言語学とはもう呼ばない。我々はそれを言語学と言ってもいいけど、学問とはそういうものだ。

だから、投資家の心理行動を入れたらそれは経済学じゃないという経済学者がいてもいいわけだ。でも、だったらおまえの経済学、入れなかったら役に立たないと言われると思うけどというのと、同じだ。計算言語学も、言語理論だけだと何の役にも立たない。記憶だったりとか。記憶だと、もう個人によっちゃうわけだ。トラウマとか。宇宙のはずなのに何で個人の体験になるの、になっちゃうわけでしょう。そこまでモデルに入れないと役に立つものができなくなるでしょう。

現実問題として、研究対象をそこまで広げるから、計算言語学であり、分析哲学であり、離散数理であり、機能脳科学でありというように分野が広がってくる。全部集めて認知科学と言ったほうがいいんだけど。

——やっぱり心の世界が一番奥深くておもしろいということですね。

苫米地　だから、認知科学の波動方程式を私は何となくつくり上げ、それを何となく音に変え、光に変え、やっていたら巨乳になる着うたができちゃったみたいな感じ。

DaiGo　ちょっと計算言語学とは離れるかもしれないのですが、僕の大学での専門だった記憶材料「スピングラス」は、磁性金属のスピンの相互作用によって形成されたネットワークによって記憶を行います。

このネットワークは、人間の脳のモデルであるニューラルネットワークと数学的に等価であることが証明されています。もし、ネットワーク構造によって人の記憶が行われているのであれば、人の脳を工学的に作ることも可能なのではないか。そんなSFのような夢を抱いて研究をしていました。

実際のところはなかなか先には進めないのが現状だと思います。

苫米地　その先をやると、計算量がふえちゃってダメなんだ。本当はアナログ計算機だから、相手のアナログの状態を全部入れてあげてやらないといけないんだけど、計算量の複雑性が上がり過ぎなんだ。もちろん、ニューラルネットワークは一応微分方程式を使うから、純粋なディスクリートの世界だけじゃないんだけど、でも極めてディスクリートに近い計算じゃないと計算し切れない。将来は、分子系の計算もやっているわけだから、分子生物的な状態まで含めたニューラルネットワークのモデルはつくっていいんだけど、今のところは残念ながら計算しきれないんだ。

DaiGo　実際、スピングラスの相互作用も2次元は計算できるのですが、3次元にした瞬間に計算量が多くなってしまう。

苫米地　逆に量子コンピューティングが成功したりすると、急にそういう時代が来るかもしれない。今の計算機のパワーではそれは無理、計算不能だよ。

DaiGo　実際、人格ってものすごく違って見えるじゃないですか。もしこの人格がネットワークに宿るんだとすれば、今まさにインターネットが広がっていることが気になりますね。

苫米地　それは可能だと思うよ。ただ、計算量がはるかにでかいだけで、できると思う。そのためには、つくるしかない。わざわざデジタルコンピュータでシミュレートしていたから我々はできなかったわけで、シミュレートしないでつくってしまえばいいんじゃない。実際に分子生物学でつくって、神経細胞を培養して。つくってしまえば可能性がある。でもそれだったら、精子と卵子のほうが速いような気がする（笑）。

DaiGo それは速いですね、確かに。予期せずできてしまうから。

苫米地 少なくとも人間がやっているんだから、人間がやっていることは絶対できるというのが我々の確信だ。数学的記述可能である。数学的記述可能だけど、記述したあと、走らせる計算機はないかもよという問題がある。まだ記述できるところまで行ってないというレベルで、大分手前だけど。

DaiGo 実際、数年前に出た論文で、人間の脳が1秒間に処理している情報量と、世界全体のインターネットが処理している情報量がトントンになったというのを読んだことがあります。

苫米地 ニューロンのコネクションの数じゃないか。1500億くらいのニューロンで。コネクション数だと数兆コネクションくらいだから、インターネットのノード数がそのくらいいったのかもしれない。数兆あるわけないから、パソコンとかCPUの中のバーチャルで計算したんでしょう。

DaiGo もしネットワークに人格が宿るなら、グーグルという名前の人格ができている可能性があるんじゃないかと思うんです。

苫米地 ただ、数が圧倒的に少ないんだ。だって、1500億台のパソコン、つながっていない。日本のつながっているパソコンが常時接続で今2000～3000万台いっているかいってないかだ。リアルタイムでは恐らく500万台くらいしかつながってないと思う。

リアルタイムで世界じゅうで1億台、つながっていない。その通信速度は脳の通信速度に比べてはるかに遅い。脳の中は化学信号は遅いけど電気信号は光の速度に近いから、1500億台のコンピュータが光の速度くらいでつながるようになったとき、初めてグーグルに心が宿ることを心配すればいいんだ。まだ1億台ないし、インターネットの接続速度はケタ違いに遅いからね。ダウンロードで何秒とかいって音楽聞いているような時代は気にすることありません。

でも、50年、100年くらいで来るかもしれない。50年、100年くらいだと、光の速度でニューヨークのコンピュータと東京のコンピュータがリアルタイムにつながってて、CPUの数だけで計算すると1500億CPUくらいあって、実際のコネクション数が数兆から数十兆のバーチャルコネクションが生まれたとき、もしかしたら人格が出てくる可能性はある。でも、ようやく幼児ね。

DaiGo　先が長いんだ。生まれたてということですね。

苫米地　生まれたて。それもたったひとりの幼児です。

――壮大な話をありがとうございました。

Column-3

ノーム・チョムスキー

チョムスキーの提唱する生成文法は、言語学の歴史を書き換えるような出来事だった。そもそも人間はどうやって言語を獲得するのか、という疑問のもと、人間が生得的に普遍文法（Universal Grammar）を備えているという仮説を唱えた。言語獲得という点で、個別言語が外側からの言語的刺激により一語文から二語以上の発話に発展する段階で統語論的に基本的な言語構造を獲得するとしている。

生成文法では、人間が脳内に持っている言語能力という意味で「言語」の概念を捉えている。

メンタリストは、手相を占いとしてでなく、
相手の表情を観察するツールとして使っています。
脈をとりながら話すことで、
会話の真意を読み取ることができるのです。

Part-4

日本は奴隷カルト国家!?

オウムの洗脳技術

苫米地　オウムの洗脳技術は、１９６０年代くらいまでのＣＩＡ等が研究していた技術だ。だから、ちょっと古いんだ。ただ、古いからダメなわけじゃなく、もっと古いのもあって、それは密教とかヨーガの伝統である昔からの宗教洗脳でしょう。そういった、宗教の洗脳方法と、ＬＳＤや覚せい剤を使った薬物洗脳の両方だ。それと、あとはビデオとか音源を使う。アメリカで60年代まで研究されていた洗脳技術は軍事洗脳技術だ。それがワンセットになって入っていたのがオウムの洗脳。

DaiGo　オウムは、そういうのをどこから仕入れてくるんですか。

苫米地　よくわからないけど、北朝鮮の可能性はひとつある。

DaiGo　そういう技術は、苫米地先生のように専門でやっている方だけしか手に入らない技術ですか。

苫米地　アメリカの大学の大きな医学部は、精神医学の世界の一部に洗脳のようなことは必ず扱っている。かつて『ＣＩＡ洗脳実験室』という本を訳したけど、あの本は一般書としては事実上絶版になってたけど、大きな大学の医学部の図書館には置いてあった。オウムには医者たちがいっぱいいたから、アメリカの医学部へ行けば、もとになる資料は手に入ったと思うんだ。

DaiGo 信者の中にもいましたね、有名な大学の医学部の人が。

苫米地 東大の医者がいっぱいいたから。そういうルートで手に入れることは、医師だったらできたはずなんだ。

――洗脳実験のコードネームにMKウルトラがありますね。

苫米地 マインドコントロールのことをMKという。ドイツ語か何かでMK。コントロールのKは、CじゃなくてKだから。そういう知識は手に入ったはずだ。明らかにロシアとか北朝鮮にルートがあったわけだから、ロシアルートで手に入れたかもしれないし、北朝鮮ルートで手に入れたかもしれない。オウムは唯一、本物の洗脳を使っていた宗教集団ではある。

DaiGo ほかの宗教は？

苫米地 ほかの宗教はLSDなどはまず使っていない。その上で、サイキック・ドライビングとかCIA方式だ。

DaiGo サイキック・ドライビングとはどういう意味ですか。

苫米地 LSDを投与しながらテープで同じメッセージを何度も聞かせる。

これはCIAが実際に実験した方法で『CIA洗脳実験室』にも書いたけど、カナダの病院でやっていたやつね。そのやり方を丸々使った。「修行するぞ、修行するぞ」というテープを流す。カナダの病院ではＬＳＤを投与していることを隠していたけど、実際、ＬＳＤをやりながらやっていた。

ＤａｉＧｏ　現代の洗脳技術は、その後、どう変わっていくんですか。

苫米地　60年代以降はＬＳＤが使えなくなったから変わっていった。ＬＳＤが最高の洗脳薬であることをＣＩＡが確認したら後はＬＳＤをいかになくしていくかで技術が開発されていった。本人たちは引き続き使っているかもしれないけど、少なくとも洗脳技術としてはＬＳＤ抜きでやっていくにはどうしようかで、あとはいろんなテクノロジーを試す。電磁波で脳に直接情報を送ってみたりとか、いろんな周波数で音を送ってみたり。

私の機能音源は全部洗脳技術だと思っている。ただし、よい洗脳ね。技術は明かしてないからね。技術が悪用されると何に使われるか分からないからね。自民党が政権とったときに、民主党に投票しろとか。

ＤａｉＧｏ　そういう細かなメッセージまで音源には乗せられるものなんですか。

苫米地　いくらでも入れられる。

ＤａｉＧｏ　サブリミナル的な意味合いということですか。

苫米地　全然違うね。いろんなやり方があって、ちょっと秘密なんだけど。

ＤａｉＧｏ　ちょっと秘密というところが知りたいです。

苫米地 スペクトルのレベルで入れるとか、周波数とエネルギーの両方のところにばらばらにして入れちゃうとかね。脳で統合されるから。

ソフトは当時は全部自分でつくっていたから、いろんなことを試してみた。

DaiGo スペクトルでエネルギーということは、言語的に入っているわけではなくて、それが脳の中に入って処理されると言語に戻るということですね。

タビストック洗脳研究所

DaiGo タビストック洗脳研究所について教えてください。

苫米地 タビストックはロックフェラー財団がお金出しているイギリスの研究所だよ。

ジョン・コールマンや太田龍さんはじめ陰謀論の人は好きなんだね。タビストックは精神医学の研究所だから。何で洗脳の研究所となっちゃったのかは別として。それだったらロックフェラー大学は洗脳大学になってもおかしくない。ロックフェラー大学はノーベル医学・生理学賞を輩出している医学大学でしょう。ロックフェラー財団だから。タビストックが何で洗脳研究所と呼ばれるようになったかというのは、ジョン・コールマンはじめそういう人たちの陰謀論的な話題がいっぱい流れたからだね。明らかにそういう研究をしていることは間違いないと思うけど、そのためにあるかどうか、それは知らない。
DaiGo　それこそいい方向に使っている可能性はあるんですね。
苫米地　可能性はある。その前に、本当の洗脳研究は外でやりません。軍の中でやっている。おカネを出したところじゃなく、軍人に対して軍の中で実験する。
DaiGo　表には決して出てくることではないのですね。
――タビストックに関しては、本当かどうかはともかく、軍の援助やそういう裏金援助があって、怪しいことをいっぱいやっているんじゃないかということが多くの文献で書かれています。
苫米地　いろいろとやっていると思うよ。だけど、問題にすることでもない。彼らがやっているとされている研究は、過去の洗脳技術。現代の研究もやっているかもしれないけど、本物の軍事研究はもうちょっと高度なことをやっている。fMRIの逆みたいな感じで、脳の中に直接情報をどうやってすり込むかとかやっている。
DaiGo　うちのマネージャーにそれをすり込ませて、従順にしてもらいたい（笑）。
苫米地　日本の洗脳レベルは技術としてはないに等しい。普通の新興宗教とか、そんなレベル。そういうのに比べると、**オウムは近代的な洗脳を使っていたことは間違いない。宗教の伝統的にやっている洗脳はもちろんあるから。ただ、近代的といっても、1960年代くらいまでの技術で、今は21世紀だからね。50年たっているから、オウムより大分先に行っていますよ**とい

タビストック洗脳研究所。薬物を使った洗脳技術については、MKウルトラの名前が有名で、現在は、苫米地先生の訳した『CIA洗脳実験室』（WAVE出版）で読める。タビストック洗脳研究所は、イギリスの研究所。米国民をヨーロッパ戦線に巻き込むためにプロパガンダによる世論工作を構築した。

うこと。

DaiGo　前にお聞きしたお話と重なりますが、今お話を聞いた「60年代の洗脳」は西洋的なイメージがすごくあります。前回、苫米地先生がお話しされたところがもしかしたらヒントかなと思ったんですが、今の洗脳技術にはそういう東洋の……。

苫米地　東洋技術は思いっきり研究され、彼らのテーマは東洋まで移ってきた。それは東洋の神秘だから。ヒトラーはチベットまで兵を出して、そのからくりを解明しようとしたわけだから。ロシア皇帝はグルジェフを送ったわけだから。昔から西洋の精神世界系の人は東洋の神秘わざを学びたいんだ。

――民主党も、サイババや、最近の新しい予言者と言われてる人の元へ政治家の秘書を送り込んでいるらしいと週刊誌にありましたね。

苫米地　そこまで行かなくたって、六本木に来ればいくらでも教えてあげるのにね（笑）。

DaiGo　僕ら、六本木に引っ越しましょう（笑）。

僕がすごく思ったのは、東洋で独自に発達したものが、なぜ今注目されているのかということです。

苫米地　人間だから、西洋と東洋で分けるというのは厳密に言うと間違いで、医学もそうでしょう。西洋医学、東洋医学というけど、やっていることは同じ。切ったりはったり薬飲ませたりでしょう。漢方の薬とファイザーがつくる薬はつくり方が違うだけで、片方はすりこぎで、片方は遠心分離で、やっていることは同じ。材料のすべては自然界にあるものだから。自然界にないものは絶対にないわけだし、自然界にあるもの同士を組み合わせて、ないものはつくれる。もとは全部あるものだから。西洋医学、東洋医学は、本質的な差はないんだ。全部医学なんだ。

DaiGo 東洋って、複雑なイメージがあるんですね。普通の西洋医学系の薬剤は、ある程度わかっているものが多いじゃないですか。でも漢方だと複雑過ぎて、何がどう効いているのかわからないというイメージがあるんです。

苫米地 成分が1個じゃないというか、たくさんの組み合わせがある。

DaiGo 相互作用の結果、あるものとあるものを合わせたら経験的にそれが効くというので薬になっているイメージがあります。東洋の洗脳技術も似たような傾向があるから、あとになって発達してから注目されるようになったのかなと思ったんですが。

苫米地 というか、恐らく西洋人はそういう技術が下手くそなんだよ。下手くそになっちゃった理由は、言語を利用する文化になっちゃったから。ユダヤ・キリスト教の伝統だね。

西洋では宗教は、言葉を使う宗教以外、宗教と言わない。だから、ユダヤ教ベースの宗教以外は、世界宗教では宗教の仲間入りできない。キリスト教、ユダヤ教、イスラム教は「宗教」

だけど、「仏教」は極めて怪しい。ヒンズー教を宗教と言うかというと、これも怪しい。ヒンズー教はどちらかというと文化だね。儒教や道教は中国人にとっては「宗教」だけど、西洋人にとっては「迷信の集まり」であって、そんなものは宗教じゃない。西洋的な定義の宗教は、ユダヤ教起源以外は宗教と言わないんだ。そして、プロテスタントの神学で言うと、プロテスタントの神学以外、神学と言わないんだ。

DaiGo　さぬきうどんの定義みたいですね。

苫米地　プロテスタントは、カトリック神学さえ、神学と言ってくれないぐらいなんだから。佐藤優を読めばわかるけど、それくらい厳しい定義をした。

そこまで厳しくなくても、西洋的な宗教が我々のアウェアネスをつくってきた。佐藤優の言葉で言うと、虚の世界をつくってきた。哲学や物理学やその他の学問は実なんだ。宗教の人たちにとって、この世に役に立つ話だからでしょう。佐藤優的なプロテスタンティズムの定義で言うと一切この世の役に立たなくて、あの世の話を虚と言うんだ。

虚の世界は神学の世界であって、プロテスタンティズムはあまりにも狭いかもしれないけど、もうちょっと広げると、ユダヤ教起源の宗教以外は虚の宗教じゃない。なぜかというと、虚という世界を定義しなきゃいけない、表さなきゃいけないから、言語なんだよ。だから「初めに言葉ありき」なんだ。

ユダヤ教以降の宗教、イコール世界のほとんどだよ。ユダヤ教、イスラム教、各正教会、カトリック、プロテスタント、人数で言うと世界のかなりの割合でしょう。その世界は、「初めに言葉ありき」以外は宗教と言わない。ということは、虚の世界。この世じゃない世界。哲学だって、論理式を書けるから。虚じゃないんだ。論理式は直接表現だから。そうじゃなく、「あの世の世界イコール精神世界」でしょう。「すべて言葉ありき」というもの以外は「精神世界」じゃないんだ。その場合の「言葉」は直接表現ではなく、信仰をベースとした暗号のようなものだけど。だから下手くそになっちゃっているんだ。言葉や論理式で表されないものは、実でも虚でも興味の対象外だから。

脳の中で、今はわかってきたけど、言語野なんてこんなちっちゃい。ブローカ野、ウォルニッケ野なんて脳の中ではほんのちょっと。実際、言語活動は前頭前野から全部使っているわけだ。ということは、我々が言語と思っているところでのリアリティーは非言語で圧倒的に表されている。シャーマニズムの時代は非言語の扱い方は、人間みんな上手だったんだよ。

西洋文化がユダヤ・キリスト教以外の文化を正史の文化と言わなくなってから、ユング、フロイトも文章を書いたから精神科医であって、彼らが文章を書いてなければ精神科医じゃないんだ。医者もカルテを書くから医者であって、カルテで診断書を書かないと医者じゃないんだ。東洋医学と西洋医学の最大の違いは、カルテのあるなしだ。東洋医学にカルテはない。処方はあるけどカルテはない。カルテは英語でチャートというけど、チャートとしてちゃんと症状を列挙して、そこで初めて病気になる。そして、それに病名をつけて初めて病気になる。だからカルテのない病気はないんだ。

でも、東洋医学は、体の不調は全部病なんだ。カルテは要らない。だから、どこの病を治すかというのはない。何科というのはない。西洋は科目診療だから、何科に分かれているけど、東洋医学は一切分かれていない。全部なんだ。薬も分かれていないから、「おなかが痛いです」と言っても、足用の薬も入れておくし、全部やる。

東洋医学には、カルテという発想がないのは、今説明したように東洋医学に言語はないからだ。処方される元の薬の1個1個には箱に名前（ラベル）を貼っているけど、組み合わされて処方された薬に名前はない。せいぜい正露丸みたいにわかりやすい、売れたやつくらいあるだけで。葛根湯みたいな感じ。実際はそれぞれがその場で作られる薬で、それに名前はついてない。カルテさえない。非言語が当たり前というのが東洋医学。

DaiGo　東洋洗脳はいかがでしょう。

苫米地　洗脳は非言語でやるもの。それに気がついたのが、まさにタビストック以降であり、オウム以降だよ。だから、fMRIを使えとか、電磁波使えとか。全く言語が入ってない。それまでは催眠術みたいに「あなたはだんだん眠くなる」、もしくはサイキックドライブみたいに「修行するぞ、修行するぞ」というのは全部言語。それが60年代。

70年代以降、彼らがどんどんテクノロジーを使い始めることによって、逆にテクノロジーの限界がくると、さらにその先を見始めると、東洋を見直して、「やっぱりあれか。東洋式の非言語じゃん」となる。ところが、東洋はもともと非言語しかない。「それ以外、ありません」。東洋で催眠術はないんだよ。いわゆる催眠術みたいな言葉で暗示ってない。忍者はいきなりブルブルと言って忍術をする。「私はだんだん消えていく」とか言わないんだ（笑）。

DaiGo　それはかなりシュールですね。

現代のメンタリズムは東洋的影響がとても大きい

苫米地　メンタリズムは、東洋がたっぷり入っている。恐らく現代のメンタリズムは、東洋的影響がとても大きいと思う。どう考えても、イギリス的な流れで見れば、イギリス・スピリチュアリストたちには絶対影響を与えているから。それは東洋の人たちに対する知識から始まっているからね。さっき言ったグルジェフとか、そういうところからきているわけだ。
DaiGo　古くから存在する、技術や理論を組み合わせ、人の心を操ろうというのがメンタリズムの起源です。様々なジャンルから技術を取り込み、時代に合わせて、姿形を変えていくのがメンタリズムです。エリクソンの催眠もそのひとつです。中にはシャーマニズムを持ち込む人たちもいました。エンターテインメントとしては、ペディングトン夫妻が最初です。それまではメンタリストとは名乗らず、ある者は占い師、ある者は霊能師、ある者はミスティファーとかサイキックだったり、ある者はマジシャンとしてメンタリズムを利用する人もいました。

苫米地　恐らく国防総省が雇うのはダレン・ブラウンではなく、「東洋の非言語のわざ」を雇うんだよ。ダレン・ブラウンにはカネ払わないんだ。

DaiGo　だからこそ、逆にエンターテインメントになり始めている。

苫米地　10年、20年遅れてエンターテインメントになるわけだから。最先端も非言語に移っているんだ。メディアとかでは、逆に今、エンターテインメントになっている。

DaiGo　この前の、動画を見ていただいたダレン・ブラウンのものがそうですね。NLPだ。ちなみに、NLPはどうなんでしょうか。

苫米地　今言っているNLPの人たちは、バンドラーとかグリンダーの時代のNLPから言うと、あんなものはNLPじゃないと言われると思う。

DaiGo　資格ビジネスになってしまったような見え方がします。

苫米地　NLPがどうやってできたかを簡単に言うと、70年代、ジョン・グリンダーがCIAから予算をもらって、無意識の研究をしてた。ジョン・グリンダーとその大学院生の弟子ナンバーワンのリチャード・バンドラーの2人が、夏休みにミルトン・エリクソンのところに行ってつくり上げたシステム。もう彼らはおじいちゃんでしょう。

ＮＬＰという言葉は、リチャード・バンドラーが登録商標を持っているらしい。だから本当はＮＬＰと言っちゃいけないんだ。彼自身はもうＮＬＰはやっていない。そして彼らの仲間で、ＮＬＰのコミュニティーをどんどんつくっていって、あるとき、アメリカでライセンスビジネスになった。それが90年代。

日本だって臨床心理士になるのには少なくとも2~3年はかかると思うけど、アメリカは臨床心理士は課程以外にインターン１２００時間というルールがある。１２００時間のインターンって、何年だ。１２００時間のインターンをやって初めて取れる資格だから、日本で言うと医師と同じくらいの結構高いレベルの資格なんだ。資格を取るのに短くたって4~5年、５年~10年かかるわけだ。４年じゃ無理だね。大学から入れたら最低でも6~7年かかるわけだ。それと同じことをやれる資格を３日であげますというのが当時はやったＮＬＰビジネスなんだ。

ＤａｉＧｏ　むちゃくちゃですね。

苫米地　３日で資格をもらえちゃうんだから。

ＤａｉＧｏ　ＮＬＰはカルトなんですか。

苫米地　だって、精神科医の仕事と同じことが、例えば「苫米地ワークスに来たら３日で資格をあげます」なんて言ったらカルトと言われるよ。うちは2年とか3年、最低でもかかる。

――苫米地ワークスというセミナーがありますね。

苫米地　うちは3日であげない。震災から1年間、長期記憶化する以前の段階で体験をトラウマ化させない技術を2ヶ月で習得する〝クライシスサイコロジークラス〟を教えてきたけど、それは、限定的かつ緊急的なクラスで、その上かなりみっちり実技を教える。

DaiGo　神経言語プログラミングをやっているのですか。

苫米地　チョムスキーの最初のころの『Aspects of the Theory of Syntax』（邦訳『文法理論の諸層』）という有名な本の理論で変形文法という概念があって、文法理論を利用した説明をしている。チョムスキーのディープストラクチャー（深層構造）だ。今でもNLPではディープストラクチャーと言うものね。だけど、チョムスキーの6世代くらい前の理論を21世紀に言ったらかっこ悪いぞと教えてあげたい。チョムスキー自身がその理論を大分前に否定しているからね。当時はやりの言語理論を入れたままになってる。

DaiGo　実際、バンドラーの本は、文法書みたいな感じですね。S（主語）とV（動詞）を入れかえてこうするとか。

苫米地　当時はトランスフォーメーショナルグラマー（変形文法）が最先端だったから、もちろん、用語は理論的な彼らの仮説説明で、技術は別な話。ただ借用した言語理論のモデルが今となっては古いからと言って、NLPの技術の価値が下がるわけではない。日本で彼らのひまご弟子みたいな人達が教えている技術のことは分からないけど、グリンダー、バンドラー達のNLPが成果を上げたことは事実。

――NLPはどのくらいのパーセンテージで利用したんですか。あの中には使えるテクニックもあるんですか。

苫米地　いわゆるNLPではなく、単純に言語を利用して相手の変性意識を引き起こし、もしくは引き起こした変性意識の中で言語でリアリティーを書き込むというエリクソン的な技術の全般の流派の名前だと思えばいい。そうすると、リチャード・バンドラー、ジョン・グリンダーのオリジナルのNLPじゃない。この間やっていたようなのもNLPと言っていい。その人たちはネオコードNLPと自分たちで呼んでいる。リチャード・バンドラーにライセンス料を払いたくないからかも知れないけど。

DaiGo　なるほどね。

苫米地　その後出てきて組織的に成功して世界進出した人達だ。

DaiGo　NLPの中にはすでに否定されたものも多いですね。

苫米地　NLPの名誉のために代わりに言うと、それはNLPの話ではなく、1人1人の技術者の話。たとえばメンタリストAがいて、「こいつ下手くそじゃん、メンタリズムダメじゃん」

と言われたら怒るのと同じで、1人1人が下手くそか否かであって、NLPは理論的な説明だけしている。それも1960年代のトランスフォーメーショナルグラマーという、言語学者にとっては過去の歴史みたいな言語理論をベースにつくり上げられた「説明の原理」にすぎないわけだから。テキストブックにはちょっとしたテクニックが書いてあるだけ。もちろん、各地のクラスで次のステップの技術は教えてるけど、彼らの上級技術というものも我々プロから見れば入門レベルの技術。

DaiGo それを使いこなせるかどうかは技術者しだいということですね。

苫米地 テクニックそのものはどんなうまい人でも失敗することがある。逆に言うと、本当の名人だったら、どんなダメなテクニックだって使いこなしちゃう。

ＮＬＰのクラスで学べるのは、我々の世界では大分入門レベルだけどそれでもセンスのいい人は、いろいろなことができるようになる可能性はある。ただ、それがシステマチックでないとさっき言ったようなリスクがある。そのためにも私のワークスクラスがある。1週間程度の合宿とかで学べる技術ぐらいで、その先を、自己流のセンスだけでやられるといろいろなリスクがあるのがこの世界。

――今、DaiGoと2人でいろいろ研究している中で、海外のサイトで見つけたインダクション・テキストという……。

苫米地 インダクション・テキストというのはごく普通の英語で、インダクション（導入・誘導）するためのテキストだから。ミルトン・エリクソン派ですと言っているようなものだ。

私も昔、90年代のジャストシステムにいたときに、わざわざ分厚いインダクション・テキストを入りのソフトをつくっていたよ。

当時、ジャストシステムでは、一太郎のおまけの文書につけようかというくらいまで考えたと言ってた（笑）。

DaiGo 一太郎のおまけで。

苫米地 おまけでついてくるくらいの文書をいっぱいつくった。

それは単純にインダクションするために、エリクソン派ですと言っているということ。でも、それは彼らの最大の間違いで、テキストがインダクションするんじゃなく、インダクションが上手な人がしゃべったテキストを残したということだ。

DaiGo なるほど。下手な人が同じことをしゃべっても入らない。

苫米地 うまくいかない。もちろん、言語のいいところは想起性があるからね。言葉をある程度上手に並べれば、歌と同じで、下手くそな人の歌を聞いても歌詞がよければ何となく入ってくるでしょう。

DaiGo メンタリズムはだれにでもできると話したところ、番組で、「あしたからすぐできるメンタリズムのパフォーマンスを教えてくれ」と言われました。超能力ではなく、技術ですから、練習すればだれでもある程度できるけど、あしたすぐできるものはそうありませんという話をしました。

苫米地　それは技術の問題だから。

DaiGo　イチローをゲストに呼んで、「あしたからすぐヒットを打てる方法を教えてください」というのと一緒なんです。結局、超能力者というのも同じように、うまくやれる超能力者もいれば、ど下手な超能力者もいるということですね。

占い師が使う技術

DaiGo　超能力は科学的に再現することができるという観点から、僕のメンタリズムや、苫米地先生の脳科学や脳機能学を使って理想的な占い師や霊能力者を作り上げるとしたら、どういう技術を使うのでしょうか。

例えば手相占いで、占い師と話をしたときに、手相を見ているはずなのに、驚いて目線を上げると占い師と目が合うんですね。手相を見ているのに、なぜ目が合うのか。メンタリズムの観点からいえば、それは手相を見せて、視線を固定し、表情などの反応を見ているのです。例えば「恋愛線」と言ったときに相談者の目が動いたら、その人は恋愛に悩みがあるとわかるじゃないですか。

つまり、**メンタリストは、手相を占いとしてではなく、相手の表情を観察するツールとして使っています。あるいは、握手をする際に、よくCIAや公安の人たちが脈をとったりしますね。あれと同じで、脈をとりながら話すことで、会話の真意を読み取ることができるのです。**

また、メンタリスト独特のテクニックであるマッスルリーディングと呼ばれる、筋肉を読む技術があります。筋肉の抵抗から、心理を読むのです。恐らく占いでも利用しているんだろうなと思います。苫米地先生が本気でやったら、まじめな手相占い師よりもよほど当たると思います。

苫米地　占いの学校のカリキュラムにカウンセリングがあるんだ。占い学校のカリキュラムを見てごらん。必ずカウンセリングと書いてあるから。でも、それ、占いじゃないじゃないか(笑)。占いが当たるんだから、カウンセリングは要らないだろう。占いは当たりませんと言っているようなものじゃないか。

DaiGo　当たるも八卦、当たらぬも八卦みたいな感じですね。

苫米地　最初から占いもカウンセリングだと認めているんだよ。占いが何のためにあるかというと、社会的な意義はカウンセリング以外ないと思うんだ。だから、理想的な占い師は理想的なカウンセラーなんじゃないかな。

DaiGo　なるほどね。科学がいくら発展しても、占い師はずっと残っていますよね。カウンセラーという専門の人たちが多勢いるのに。

苫米地　それはカウンセラーが「未来のこと」を言わないからだよ。

DaiGo　未来のことを言わないのは、何でですか。

苫米地　わかんないからだ。カウンセラーは正直者なんだよ。占い師はうそつきなんだ。だって、うそつきじゃなかったら占い師をやるわけがない。

DaiGo　そうですね。僕も同じ考えです。

苫米地　だって、あしたがわかるんだったら、自分であした株買って大金持ちになって終わりでしょう。占い師で金融資産10億円という人なんていないでしょう。

DaiGo　「自分のことは見えない」と言って逃げる占い師がいますね。

苫米地　自分のことじゃない、株のことだ（笑）。上がるか下がるか2分の1の確率さえ当てられないということだ。

DaiGo　それ、今度から使いましょう。

苫米地　ファイナンスの世界でお小遣いが10億円ないようなやつは、プロとしてアウトなんだ。そんな人に投資顧問になってもらいたい？　タネ銭が１００万円あって、何年かで10億円にできないようなやつは、プロのファイナンスの世界ではアウト。

それさえできないわけだから。あしたの為替やどの株が上がるかわからないやつが、何で占いやっているんだ。本当は大金持ちなんだけど、趣味で占いやっているという人はいるかもしれないけど、お目にかかったことがない。大体着ている服、安いし（笑）。

DaiGo そうですよね。

苫米地 電車で通って、自分のビルじゃなくて他人のビルの軒先でやっているし。「おまえ、貧乏じゃん」でしょう。占い師が貧乏ということは、当たらないと言っているのと同じわけだ。

DaiGo いまだに自分の事務所も持てずに街頭で占うような人たちを信じてなぜ人が群がるのか。その心理自体が不思議だと思います。

苫米地 自分のことじゃなくて、あしたの株価だもん。当てろよ、でしょう。

DaiGo 「きょうは何の相談に来たんですか」「あしたの株価をちょっと」ですね。

――昔、上岡龍太郎さんがよく当たる占い師を11PMに出したときに、「今からおれがおまえを殴るか殴らないか、当てろ」と言ったことがあります。

苫米地 全くそのとおりだよ。占い師は100％うそつきなんだ。普通はうそつきは職業にしない。うそつきを堂々と職業にしていい職業は限られていて、そのひとつが占い。

――エセ占い師として絶対に信用される占い師をつくり出すにはどうすればいいですか？

苫米地　一番簡単なのは、催眠をかけてしまえばいいんだ。広い意味での催眠ね。「はい」と言って握手して帰す。私が言った「すべて当たった記憶」だけ書き込んで帰しちゃえばいいわけでしょう。実際は握手しただけだったのに。だまして、全部当てた。

手相占いや四柱推命、占星術は権威催眠を利用している！

DaiGo　メンタリストの中にも占いフォーチュンテラーという占いに特化している人たちがいます。彼らのやり方としては、エビングハウスの理論の応用が考えられますね。人間の記憶は20分で42％消えてしまうと言われています。7〜8割当たらないと当たる占い師だと感じない方が多い中で、実際は2〜3割当たっていれば十分じゃないかと（P40参照）。

苫米地　当てずっぽうだったら大体2〜3割だ。

DaiGo　当たったとしても、結局あれは、外れた部分の記憶は抜け落ちて、当たったところだけ何回も復習して強調してます。

苫米地　記憶に残すようにしているからね。

DaiGo　でも、今、苫米地先生がお話しされていたのは……。

苫米地　それはダメな占い師だよ。上手な占い師だったら、何も言わず当たったことにして帰しちゃえばいいんだ。あとで、「どんな話だったの?」「これとこれとこれを習いました」という会話さえしなくていいんだから。

DaiGo　結局、自分の話を自分でするだけですね。

苫米地　相談者に好きなことをしゃべらせておいて、あとは全部こっちが当てたことにして帰せばいいわけでしょう。

DaiGo　記憶そのものを書きかえて帰す。

苫米地　それは催眠術協会のクラスに3年くらい通った人だったら大体できるようになる。もちろん苫米地ワークスの上級修了者なら当然。初歩的な催眠術だね。プロだったらもちろんやれると思う。ただ、そういうプロは、催眠でやったほうが占いでやるよりもうかるから、わざわざ占いをやらないだけで、催眠で商売していると思うけど。

DaiGo　催眠って、普通はそんなに長続きしないはずですよね。

苫米地　長続きしない。そのときに「当たった」という記憶だけを残しておけば、覚めてからも、当たったという記憶だけが残る。

DaiGo　「あの人はよく当たる占い師だ」という言い方がありますね。

苫米地　少し面倒くさいけど、事前に答えを聞いておいて、聞いたことだけ記憶から消しちゃえばいいわけだ。それで全部当たったように言えばいい。まず最初に「あなたの名前は何？」と名前を聞いてその後で、「私が名前を聞いたことは忘れて」と言う。そして「あなたの名前は○○でしょう」「えっ、何でわかったんですか」というのを繰り返せばいいわけだから。まったく初歩的な催眠術。

DaiGo　外から見ているとよくわからない感じですね。まるでコントみたい。

苫米地　これは初歩的な催眠術だよ。答えを先に聞いちゃって、記憶を消せばいいだけだ。

DaiGo　そういう意味では、催眠術師は一度に多くの人にかけられますけど、占い師は1対1でないと難しいことになりますね。2対1で、そのセッションが見られていたら。

苫米地　横でばれるからね。インチキだってばれた瞬間、隣との催眠が浅くなるからね。それは1対1でやる。1対多でも、上手な人だったら全員先に催眠に入れちゃって、ほかの人が話してないとき、「あなたには私の声が聞こえません」と暗示を入れておけば、聞こえていても聞こえないから、それは何とかなる。事実上1対1に変えちゃう手はある。

DaiGo　占いにはいろんなジャンルがありますが、苫米地先生が今お話しされたことは、ほぼ全ジャンルに使える内容なのかなと思います。また、**占いが個々に分かれていった理由もちょっと気になります。例えば手相占いの場合だと手を使い、四柱推命だったら生年月日と名前だったり、タロットだったらカードだし、星占いなら星座や星、あとは血液型占いや、古い**

ですけど水晶玉占いとか。メンタリズムの世界でも、結局ジャンルが分かれていったのは、それぞれに違うトリックが仕込めるからだと考えています。

苫米地 もっと本質的な話は、それを全部まとめて「権威催眠」というんだ。たとえば私がみんなの前にただのおじさんを連れてきて、「この人は私の催眠の大先生です。世界最高の催眠術師です」と紹介してその人が「眠れ」と言うと、みんな一言で寝てしまう。そういうのを権威催眠と言う。だから、医者は白衣を着ないといけないんだ。そうしないと治るものも治らなくなっちゃう。

DaiGo ユニフォームの暗示効果みたいな。

苫米地 そうそう、それを権威催眠と言うんだけど、**すべては権威催眠を利用しているわけだ。手相をはじめ四柱推命や占星術だったらそれぞれの分野のこんなにすごい知識がありますよという「権威」を使っている。**もちろん、そこでいろんなわざをすり込むのに、自分の得意なわざはあるけど。わざができるんだったら、何やったって上手にわざをすり込めばいいわけだから。それをわざわざ細分化して、それぞれに大量なテキストをつくり込んでいったのは、全部権威催眠なんだ。宗教と同じ。

DaiGo 確かにそう言われてみると、権威暗示は、メンタリストもすごく使っています。たとえば四柱推命は計算式を全部覚えておけないから、ものすごく分厚い本を傍らにおいて、その場で計算をします。相談者の目の前で計算をするのも意味がありますね。

苫米地　そうだよ。この間見た占い師はパソコンで計算してたよ。占星術の計算式のソフトがあるらしいよ。

DaiGo　ありがたみがないですね。

苫米地　それはコンピュータを使わなきゃいけないくらい占星術には知識があるんだという権威催眠のひとつ。

DaiGo　大量のデータから持ってきているという意味では確かにそうですね。

苫米地　それはコンピュータでやる姓名判断と同じだ。実際はデータから引っ張っているだけだと思うけど。何かすごいことをやっているように見せている。

DaiGo　例えばタロットカードで権威を演出するためにメンタリストがやるのは、古いタロットカードを使いなさいということ。それは古いものに説得力を感じるという、まさに心理的なトリックを利用します。まず、タロットカードを、表面をやすりで削って劣化させた状態で、冷めた濃いめの紅茶に一晩つけておきます。一晩置いたら取り出してオーブンで焼くんです。

苫米地　タロットカードのつくり方だ。

DaiGo　やってみるとおもしろいように、ちょうど何年も使って経年劣化したカードにな

死神のカードは情動を動かして、情報収集するためのテクニック。

るんですよ。それも恐らく一種の権威ですね。

苫米地 これはすごく当たるに違いないと思わせる。全く同じだ。

DaiGo 何かいにしえの力があるように感じさせるというのは確かにありますね。

苫米地 タロットは特にそうだ。だって、おどろおどろしい絵がいっぱい描いてあるじゃないか。

DaiGo 絵の効果もありますね。

苫米地 全部そうだよ。中世の特別な知識が込められているような、ハリー・ポッターみたいな絵だから。

占いは世界最古の詐欺の手法？

DaiGo タロットの場合は、解釈はあとで変えられます。メンタリズムのテクニックで、エキボックというものがあります。例えばタロットで、「なるほど、このカードはこうこうで、こういう意味があります」と説明する。意味なんか決まってないのに、「あなた、心当たりがありますね」と説明する。解釈の自由を持たせるために、あえて抽象的な内容にしている。実際、抽象的な投げかけで相手から情報を引き出すというのは、恐らく洗脳の技術だともっと進歩していると思います。そういうのは何かあるんですか。

苫米地　それは前頭前野の働きをとめることだ。タロットだってそう。怖い絵のカードを出して、恐怖を引っ張り出しちゃう。

DaiGo　「死神」のカードがありますね。

苫米地　それは前頭前野の情報指令がとまるからだ。そうすると、扁桃体情報処理（情動の情報処理）からいくらでも情報をとれるからね。前頭前野はうそをつけるけど、情動はうそをつけないから。いくらでも情報を引っ張り出せる。

DaiGo　相手を従順にして、反応を読みやすくしている。

苫米地　それには恐怖を起こすのが一番簡単だから。

DaiGo　それは僕が最初にフォークを曲げて驚かせるのと同じですね。

苫米地　全く同じ。情動を出すと必ず反応が出る。

DaiGo　実際にメンタリズムの文献にも、カードを使ったいかさまの技術が載っていることがあります。結局タロットカードはいかさまのテクニックが使えますから。

メンタリズムというと、皆さん、「全部心理学でしょう」と言われますが、僕らメンタリストは、心理学以外にも様々な技術や学問、トリックを使います。心理学をベースにした心理術というところでしょうか。心理学は基本、統計ですから、１００％ではありません。誘導を１

00%に近づけるためには、被暗示性を高める必要がある。そのために、時にはトリックも使うというのがメンタリストの考え方です。タロットカードをあえて相手に引かせるのですが、どこに死神のカードがあるのかわかるようにしておくんですよ。相手がタロットカードを混ぜたあと、死神のカードを一番上にこっそり移動させる、そして「あなたの心のカードがそこに出てくる。1枚引いてみて」と引かせたときに、死神が出たら、相手は焦って驚いちゃうんです。恐らくその瞬間に扁桃体の情報処理に変わるんですね。

苫米地　この間言ったハイパーラポールが生まれる。「恐怖」が一番強い臨場感状態。そうすると、ラポールつくれちゃうからね。それで前頭前野の情報処理が下がるわけだから。普通だったらこんなバカな話は聞かないのに、急に従順になってしまう。

DaiGo　占いって、まわりで聞いていたり、録音してほかの人が聞いたりすると、こんなばからしいことはないというのがありますね。

苫米地　前頭前野を下げるのは、恐怖が一番簡単。うちのクラスでは、恐怖はひきょうだから使うなと言って、恐怖以外のわざだけを利用するんだけど、占い師は一番ひきょうなわざを使うんだ。女性たちと集団生活をしていた、渋谷被告がそうだったでしょう。占い師助手募集と言って、占いに興味がある女性をいっぱい集めた。面接と称して、実は助手があらかじめ本人と面談して情報を仕入れておくんだけど、それをそっともらってどんどん当てていく。そのとき、最初に真っ暗い部屋でおはぐろにして、いきなり明るい裸電球を相手の顔にバーッと当てて、ギャーッと驚いたところでヌーッと現れて、「あなたは死にます」とか言ったんだ。

DaiGo　催眠の驚愕法が入っていますね。

苫米地　もともと占いに興味がある人がそんなことをやられちゃうと、一発で「この人はすごい占い師だ。何でも当たる」と思ってしまう。恐怖を使うのは、一番ひきょうなわざなんだ。

DaiGo　占い師助手募集はおもしろいやり方ですね。確かに興味のある人が来る。これはうまいやり方だ。

　ちょっと不思議ですけど、占い師は世界的に見ても。圧倒的に女性が多いじゃないですか、これは何かあるんですか?

苫米地　だって、男の子は占いに興味ない。

DaiGo　メンタリストのイアン・ローランドという人が「占いとは世界最古の詐欺の手法である」と言っているんですね。

苫米地　それはそうだね。

DaiGo　その考えからすると、占いは男性がやってもおかしくないという感じがします。

苫米地　アマゾネスの世界はそうかもしれないけど、西洋および東洋はキリスト教と儒教で、圧倒的に男女差別が激しいから、女性がまともな職業についていないということがいえる。

DaiGo　だから女性は占いのほうに行くと。

苫米地　男女差別が激しいからこそ女性は将来の不安がより大きい。男性は自助努力で未来が築けるけど、女性は自助努力で未来が築けないから。だから「結婚できるの、できないの」は、自分の人生の中では「生きるか死ぬか」の話じゃない。女性の動物的頭の中では生きるか死ぬかの話になるから、婚活とかわけのわからないことが今でもある。

東洋は儒教、西洋はキリスト教、もちろんイスラム教もそうだけど、ユダヤ教を起源とする宗教が圧倒的に男尊女卑だ。社会的に女性が不利な立場だから、女性のほうが占いに興味を持つ。興味を持たなかったら、占い師は生まれない。

DaiGo　そういう中から出てくるということですね。

苫米地　そういう中から、今度は自分のセンスが生まれてくるわけでしょう。そのときに、その世界はどういう訓練がされるかというと、子どものころから論理的な思考をとめるように女の子は訓練されてくる。論理的思考をする子はダメな子というのはいまだにそうだ。女の子は単に話だけ聞いていればいいみたいな。

論理的な思考をすることをとめるということは、情動主体の前頭前野を使わず、扁桃体・大脳辺縁系情報処理主体の人をわざわざ育てる文化なんだ。占い師はそっちが得意、だから占い師で成功するわけだ。論理が得意になった占い師は絶対失敗する。

差別的な世界の中で差別された女性に理想的な職業のひとつが占い師。あとは本人がうそついても、罪悪感のある人か、ない人かで、罪悪感のある人が占い師になれるはずがない。だから、社会的犯罪者たちと言ったほうがいい（笑）。

DaiGo　そう言えばそうですね。

苫米地　法律的犯罪かどうかは別として、社会的犯罪でしょう。ただ、たまに頭がおかしい人がいて、そういう人は自分で信じ込んでいるので、うそをついてる自覚はない。

DaiGo　苫米地先生はだれが相手でも全然大丈夫です（笑）。

水晶は変性意識を引き起こしやすい

僕も、占いには懐疑的でした。カウンセリング的な側面や技術的なところはあると思いますが。例えばカードいじればば運命がわかるかと言われたら、タロットカードと運命に相関性は出ないだろうと思います。

苫米地　出るわけないいんだ。

DaiGo　例えば水晶玉占いならば、何かトリックがあるんじゃないかなと、思うんですね。水晶玉占いなんて最近聞きませんが、あれがはやった理由は、占い師が水晶を見てて相手の顔を見ていないように見えるけど、うまく水晶に顔が映る。だから、見てないようで見ているので当てられる。

苫米地　水晶は変性意識を一番引き起こしやすい。火を見るときの変性意識と同じくらい引き起こせる。ジェームス・ブレイドの凝視法と同じ。水晶玉を凝視させることで、中に必ず光がゆらゆら動いているから、何か意味があると思って。その光をつい凝視しちゃう。凝視法で催眠状態を起こしているだけなんだ。ジェームス・ブレイド的19世紀の催眠手法が水晶玉になる。

DaiGo　そういうバックグラウンドがあったんですね。

苫米地　暗いところで明るい光を当てると、思いっきり凝視法になる。

DaiGo　水晶があって、相手から見て光が揺れ動くくらいの位置に、確かにろうそくがあったりとか。

苫米地　下手くそな催眠術師が占いをする。プロの催眠術師はそんな小道具は要らないから、小道具に頼っているということは、初心者だ。初心者でうそつきが占い師になる。

DaiGo　それこそメンタリズムの世界には占い用の水晶玉があって、下に穴があいているんですよ。そこに物を入れられる。そうすると、水晶の真ん中に浮かび上がって見えるんです。相手の名前とかを書いてピッと入れると、名前がフワッと浮かび上がってきたりとか。そうすると、「あなたにも見えてくる」と言いながら、さりげなく水晶の下の座布団の中に入れていくんですよ。そうすると、ボワーッと浮かび上がってふっと消えていくという道具もある。

苫米地 すごいね。そこまでいくと詐欺だね(笑)。

DaiGo 僕らがトリックを使うのもそこです。

苫米地 手品を詐欺と言ったら失礼だ。ショーだものね。手品は、タネがあるとみんなわかって見ているわけだから、それでお金を払ってるから何の問題もないけど、「タネがない」と言っているのが占いだから。ミスター・マリックが占い師になったら、勝つに決まっているんだ。彼はトリックと言っているから、社会的犯罪じゃなくエンターテインメントになる。

DaiGo そういうトリックを使って相手の心を動かせればそれでよしというところがありますから、確かにそうですね。

星占いで、「星の重力の影響が」と言う人がいますけど、重力と言われても……(笑)。

苫米地 星の重力、来ないから(笑)。せいぜい月くらいしか来ない。月を星と言えば別だけど、あまり月のことを星と言わない。

DaiGo 太陽系の話をよく引き合いに出す人もいます。

苫米地 来ない、来ない。

DaiGo 血液型も赤血球についている糖鎖が違って、その糖鎖が脳に回るから、それが影響を与えるんじゃないかと言う人もいます。

苫米地　血液型は、統計的には一度も有意なデータをとられたことがない。もともと、軍人を血液で分けたという話は本当らしいけどね。

DaiGo　あれ、確か日本人の医者が一番最初に言ったんですよね。

苫米地　そうそう。昔、どこの国かわからないけど、輸血しやすいように軍のグループを血液型ごとに分けていた国があることは間違いない。

一個中隊全員O型みたいに分けていたことは確かなんだ。そうすると、隊ごとに行動の性格が変わってくるというデータをどこかで見た日本人が、「じゃ、血液型で性格が違うだろう」ということを言い始めたんだ。

DaiGo　日本と韓国だけですものね。韓国は日本から血液型診断を輸入したとか。

苫米地　実際は、血液型で性格が違っていたという話さえどうも怪しいんだ。実際のデータがないし、その日本人が勝手に言っていただけの可能性もある。血液型ごとに隊を分けていたことは実際にあったみたいだけど。だって、隊長の性格に影響されて、隊ごとに性格が決まっていたからかも知れないし、それだけの話で、因果関係はあやしい。

DaiGo サブリミナル効果も、そういう意味では怪しいと言われていますが。

苫米地 サブリミナル効果は怪しくない。それはサブリミナル効果の定義によるんだ。

DaiGo コカコーラでしたっけ、映画のシーンに挟んでおいたら売り上げが上がったというのは、実は捏造ということがわかっていますよね。

苫米地 あれは本当かどうかちょっとわからない。ポップコーンとコカコーラの話だよね。そういうことをやったらしいけど、実際確かなデータはないんだ。全部まことしやかなうわさなんだ。

DaiGo かつて苫米地先生が、実際には「サブリミナルというものはあった」というお話をされていたと思うんですけど。

苫米地 何をやるかによるね。この世は全部サブリミナルしかないわけだから。**意識はリミナルで、無意識がサブリミナル**だから、「あなた、無意識はないというの」という一言で終わりだ。

あなたの無意識はあなたの判断と一切関係ないわけ? ほとんどの人は意識で判断してないから。「きょうの朝めし、どうやって決めたの」と聞いたって、カロリーを計算してとか言う人もいる。「違うでしょう。食いたい物を食べたんじゃないの」「はい」「そういうのを無意識と言うんだよ」。それをサブリミナルと言うんだ。サブリミナル効果じゃないか。

DaiGo　僕も、何となく食べたくて、きょう、ケーキを食べました（笑）。

苫米地　それがサブリミナル。

DaiGo　リミナル、サブリミナルの間のスプラリミナルというのもありますね。メンタリストの場合は経験的な手法で使っています。学術的な定義はまた別かもしれません。例えばきょうは焼肉を食べようと思っていたにもかかわらず、昼間テレビでラーメン特集をやっていて、さあ、昼メシでも食いに行こうかなとなった瞬間に、朝はあれほど焼肉食うぞと思っていたのに、いつの間にか自分はラーメンを食べていたということに気づく人もたくさんいると思うんです。そういうのは気づいているか気づいていないかの状態、つまり**リミナルとサブリミナルの間だから、「スプラリミナルの状態」です。**外部から入った情報によって、「焼肉が食べたかった」という情報が書きかえられて、ラーメンを食べるという結果に至ったとは考えられるんですか。

苫米地　それはコーチングなどでいうスコトーマの原理と同じで、重要でない情報も実は入っているということ。そのとき重要だと認識した瞬間に情報が上がってくる。

DaiGo　忘れているように見えて、実は意識に残っている。

苫米地　スプラリミナルと言っているのは、単にスコトーマが外れたということ。そうじゃないものは永遠にサブリミナルだから。

DaiGo　潜っているということですね。

苫米地　スプラリミナルにならなかったら、すべて役に立たないサブリミナル。役に立ったから、そういうふうに呼んでいるだけ。

DaiGo　スプラリミナルの状態から入り、一回サブリミナルに潜った情報が、例えば焼肉屋に行くまでの間にラーメンの看板を見たとか、香りをかいだとかで浮かび上がってくる。

苫米地　「何が重要か」ということが情報として現れたんだから、それはスコトーマの原理なんだ。

DaiGo　何かをキーにして浮かび上がる。

苫米地　それがその人にとって重要な情報として認識されるから。

DaiGo　重要度が変わることによって認識されるのですね。

苫米地　そう、重要度の話だ。実際は、ありとあらゆるCMはそれをやろうとしているわけ。

DaiGo　それを入れておいて、潜っている状態で、お店に行ったとき、それが出てくる。

苫米地　たくさんの情報を潜らせておいて、後でお店で「あっ、これは見たことある」で買ってしまう。しかしあれだけ権力を持っていてこの程度だから、電通は下手くそだけどね（笑）。

DaiGo　確かに、僕もステージに上がるときに、一番最初の自己紹介の間に、例えば星座を演出として結構使うんですね。僕は星座占いは信じていませんが、超常現象で占いを再現すると話し、最初に触れておきます。そしてスプラリミナル効果によって、最後にそれがイメージとして出てくる。観客は自分がそのイメージを、自由に思いついたと思っていますから、驚くわけです。

「徹子の部屋」に出演したときもやりましたが、最初にスケッチブックの裏に絵を描いておくのです。「徹子さん、これから徹子さんには、子どものころに戻って、かわいらしさをイメージしてもらいたいんです。例えば赤いクレヨンでぐるぐる巻きの太陽、緑のクレヨンでどうのこうの」と説明しているものがすべて暗示先、僕の場合はそのときはチューリップにして、1つの絵をイメージさせるようにしゃべりました。赤と緑のクレヨンをあえて使ったりして。

そうやって埋め込んだ状態から、「今パッと思い浮かんだ、子どものころに描いた絵は？」と聞くと、「チューリップ」となる。「では、ひっくり返してみてください」と言うと、それが当たる。これもスプラリミナル効果です。

苫米地　まさにそういうやつはエリクソン派で、全く同じ。重要度の情報でひっかかっているわけだから。

DaiGo　言語的に選ばせたい絵の重要度を上げているという解釈ですかね。

苫米地　そういうこと。

――相手が違う絵を描いてしまうということはないのですか。

DaiGo あります。僕もテレビでいろいろな人にやりますが、タレントさんは実に独特です。僕の鬼門は実はローラさんなんですよ。ローラさんは、最初にいろいろ説明するのですが、話を聞かず、「うん、もう決まっているから、オーケー」みたいな（笑）。あの人にはスプラリミナルは入らなかったんですね。

苫米地 それはもしかしたらモーダルチャンネル（情報の入口、いわゆる五感）の問題で、徹子さんはきっと言語優位の人だったんだね。音優位、色彩優位、皮膚感覚優位とか、人によって優位感覚が違うから。その人の優位な感覚に振ってあげると、ローラさんでも成功するはず。

DaiGo 彼女は言語優位ではなかったということですね。

苫米地 絶対、言語優位じゃない。

DaiGo 確かに、言語じゃないような感じですね。

苫米地 言語の人は、「オーケー」とか、言葉を安っぽく使わない（笑）。

DaiGo 確かに徹子さんは小説も書いていますね。

苫米地 エリクソン派の場合、相手のモーダルチャンネルが何かを最初の30秒くらいで見きわめるのが勝負なんだ。

世界最古のメンタリストはエジプトの神官だった？

DaiGo　確かに僕らも暗示でも、ビジュアルなオーディオなのか、体感覚なのかという相手のタイプを大体見きわめて、暗示の入りやすい人を選びますね。僕らの場合、パフォーマンスですから、質問によって見極めます。例えば、ビジュアルで暗示を入れるのであれば、何人か立たせて、個人的に話を聞くんですね。自己紹介で趣味は何ですかとか、昨日の晩は何を食べましたとか、いくつかの質問をしますね。それがモーダルチャンネルなんですね。

苫米地　うまく行かない場合はモーダルチャンネルが恐らくずれているんだね。徹子さんは明らかに言語モーダルチャンネルだと思うよ。だって、おしゃべりだもの。あれだけおしゃべりということは、よほど言葉が好きだと思う。

DaiGo　確かにそうですね。自分のペースに全部持っていく方ですからね。

そう考えると、レベル的にはエンターテインメントのジャンルですが、メンタリズムの中にもそういうテクニックは結構入っているということでしょうか。

苫米地　いっぱい入っていると思うし、ＤａｉＧｏ君も無意識でやっているんだと思う。そういうのは慣れてくると、自分の体が勝手に相手のモーダルチャンネルに合わせ始めるから、わざわざ意図的に判断しなくても、自然にできてしまうと思う。

DaiGo　メンタリズムの世界は、経験的なものが多いです。**特に僕ら「スリーコール」のメンバーが行っているメンタリズムは、ダレン・ブラウン以降の科学的なプレゼンテーションをする、いわゆるサイエンス・メンタリズムです。日本では初めてのスタイルだと思いますが、かえって新しいエンターテインメントになっているのではないでしょうか。しかし、メンタリズムで利用される経験則は、もとをただすと東洋のお話に近いと思いますね。**実際は、すごく経験的なものが多いんです。

たしか文献で残っている最初のメンタリストは、エジプトの神官だったらしいです。エジプトはファラオが一番速い馬を移動手段に持っている。Aという神殿とBという神殿があって、Aの神殿に国政の相談をしに行く。そうすると、Aの神官は一通り聞いた上で「なるほど。今、Bの神殿の神官のところに神からのメッセージが届いているからそこに行け」と言うんですね。そうすると、ファラオは一番速い移動手段で移動しますね。しかし、Bの神殿の神官はすでにファラオの悩みをすべて知っていて、その的確な答えまで用意していたというのです。ではどうやって情報を伝えたかというところがトリックなのです。なんと神官同士で伝書鳩を飛ばし、情報のやり取りをしていたのです。

苫米地　インドのアガスティアの葉がそうだね。パスポート預けてるホテルとかから名前とか生年月日を聞くんだ。

DaiGo　現代版ですね。確かにパスポートを見せていますから。

苫米地　東大の青山圭秀がはまったよね。アガスティアの葉は事前情報なのに、思いっきりはまっている。

DaiGo　一番ダーティーな手段のホットリーディング（事前に情報を得て当てること）ですね。

苫米地　鳩飛ばすんじゃ勝ち目ないね。

DaiGo　情報の出し方がうまいですね。聞いたように見せないで、さもその場で読み取っているように演出する。結局、情報を入手すること自体はトリックですが、そこをうまく演出して、相手を信じ込ませて信者にしていくのですね。古典的な手法だとは思いますけど。

苫米地　神官たちは何のためにやっていたかだね。目的は何だったのかな。

DaiGo　目的は、裏から国家を操ることではないでしょうか。

苫米地　食うための権力欲か。何の欲望か。

DaiGo　エジプトの王は非業の死を遂げている人が多いじゃないですか。

苫米地　神官に殺されているのがいる。権力闘争なのかな。

占い師がたくさんいる社会は奴隷社会!

DaiGo 権力に対する欲望から選民思想や超能力につながっていくということなんでしょうか。

苫米地 権力が結果として発生するんだ。権力を欲しい人たちが欲望としてやるのがあるけど、それにはまる人たちの論理はよくわからない。

DaiGo 世界じゅうどこにいても、権力にはまっていく人たちは多いじゃないですか。権力を求める構造が脳の中にはあるんですかね。

苫米地 それはあると思う。世界で、文化的にそういう人たちを大量生産していたんだ。テレビは朝から占い番組をやるし。放送法・電波法違反だし、憲法違反だと思うけど。

DaiGo やりますね。きょうの何とか座はとか、余計なお世話であることが多いですけど。

苫米地 初詣に行く人間がいまだに日本は絶えない。貴重な正月休みに化石燃料燃やして初詣に行くというのは西洋の人たちにはカルトと見られる。明治神宮だって、ついこの間まで生きていた明治天皇を祀っている。昭和天皇が「私は人間です」と終戦時に言ったときに、「私の親の大正天皇も人間です。祖父の明治天皇も人間です」という意味が込められているんだ。

「親と祖父は人間じゃなくて神だけど、私だけ人間です」と言ったわけじゃない。明治神宮は明治天皇を神と祭る神社だから、そこにおさい銭を入れることは昭和天皇のことばを信じてないことになる。宗教法人の経営援助のためならいいけど、自分にご利益があると思ってお金を投げ込んでる。そういう論理が社会にいまだにあることが、日本でカルト問題がなくならない理由だ。乃木神社の乃木将軍なんて、ついこの間まで戦争をやっていた人だ。それが神様だ。

DaiGo 皆さん、そこまで深く考えないですね。

苫米地 本当は思いっきりカルト。でも、それが文化の中に埋め込まれているから違和感がない。テレビで毎朝占いをやっているのと同じで、そうやって占いにはまる大衆をつくることで権力をつくれるから、為政者にとって都合がいい。

DaiGo 確かに初詣は普通に行きますが、考えてみると、怖い話ですね。

苫米地 スーパーカルト。よその国には恥ずかしくて言えない。

DaiGo 何も考えないで行きますからね。

苫米地 「この間まで軍人だった人を拝んでいます」「えっ、日本人てそんなに戦争が好きなの」ということだ。靖国神社なら、「私の子どもや父親が戦争で死んで、うちの宗教はそこに魂が宿ると思っている」と言うと、まあ、それだったらいいかなと思ってもらえる。だけど、自分の先祖でもない軍人の乃木大将を拝みに行く。何でそれが神になるのか。そしてその行為でご利益があると考える。中国人はゾーッとすると思うよ。

DaiGo 日本文化の中に溶け込んでいるということなんですね。

苫米地 思いっきりカルトカルチャーでしょう。

DaiGo 僕がメンタリズムを使った誘導についての解説で、「選択の自由度」について話します。人は自由に選択していると思い込んでいますが、実際、好きな服を買うときも店舗にディスプレイされた、わずかな商品の中から選んでいるにすぎません。苫米地先生のように、一から好みのギターをプロデュースできませんし（笑）。目の前に選択肢が存在し、その中から選んでいるにすぎない。だから、うまく誘導すれば、狙ったものをとらせることができるのです。

苫米地 占いしたりメンタリストがそういうことを仕掛けるのは、もちろん職業だからね。でも占い師が何で詐欺的な占いをやっているのかよくわからない。私は「これだけ世の中に職業があるのに、何でおまえはわざわざ詐欺やるの？」といつも聞いているんだ。

DaiGo 占いはエンターテインメントではないですね。

苫米地 一般大衆がはまるのは、そう仕掛けられているからでしょう。占いがはやっている国は実は危ない国なんだ。要するに自分では選択することができないから。自己責任で自分が正しいというものを選択し、その結果は自己責任をとることができない人たちをわざわざ国がつくっているということになる。

だから、重要な政策はお上に選んでもらう、税率はお上に決めてもらう、私のあしたは占い師に決めてもらう、全部自分の人生を他人に決めてもらうのがうれしい人たちだ。自己責任の放棄だ。すなわち奴隷をつくる文化を社会的に埋め込んでいる世界が占い師を許容しているといえる。**占い師がたくさんいる社会は奴隷社会だと思ったほうがいい。**日本は、国家を挙げてテレビで、つまり公共放送まで占いをやっているんだから、奴隷社会だ。

ＤａｉＧｏ　そういう意味では、自己決定をするという考えを奪っています。

苫米地　そうだよ。だって、近代社会であれば、子どもが占いにはまったら、バカ言うんじゃない、自分で決めなさいだ（笑）。自分が占いやってみたいだったらまだいいよ。占いという技術に心から意味があると思っている変わった宗教を信じている家族で、「わかった。じゃ、おまえが占い師になれ」だったらわかるよ。だいたい自分の人生を他人に決めてもらうって、おかしくない？

ＤａｉＧｏ　そうですね。

苫米地　だから、日本は未開の奴隷カルト国家。占い師がこの世にいなくなるまで奴隷国家。私は、占い師という職業を一切認めない。占いは社会的犯罪。

——占い師は「記憶を消す技術」を持っていますか。

苫米地　それはある程度高度な催眠を練習すればだれでもできる。ただ、相手に必ずうまくできるかというと、よほど腕がいい人だけ。でも10人に1人に上手にできれば、十分評判が立つわけだから。10人に1人くらいだったら、素人でもできると思う。

まず、占いに来るということは、過去に占いが当たったことがある。もしくは占いに興味があるという、もともと催眠にかかりやすい、催眠奴隷の可能性のある人たち。素人でも催眠にかけられるぐらいの人たちがもともと来ている。

DaiGo　「催眠術ショー」と言っている時点で、ある種、もうかかり始めているということですかね。確かにメンタリストも、相手に表情が出ない状態のときに、あえて「もう見えている」という言い方をするんですよ。「なるほど、すべて見えてきました。皆さん、気づきましたか」と言った瞬間に、「えっ、何でバレたの?」と顔に出始めるんですね。

読めてないのに、あえて読めているとたんかを切ることによって、動揺させて表情を読み取る。メンタリズムは心理戦なんです。そういう揺さぶりの仕方は確かにたくさん持っているような気がしますね。

さっき、苫米地先生がお話しされていたみたいに、全員がかかる必要はないというのは……。

苫米地　それで十分。評判が立てばいいんだから。

DaiGo　未来のことを話す占い師の手法で言うのであれば、だんだん予言のレベルも難易度を上げていきます。たとえば、サンプルとして100人相談者が来て、占いの最後に予言をする。あまり外れることがないような予言で、それこそルーレットで言えば赤と黒のようなレベルです。50％が当たる。さらに難しい内容の予言をする。すると、10人残りました。ここで的中率の非常に低い細かい予言をします、万が一でも当たれば奇跡になるような予言を。

そして一人だけが当たり、奇跡を目の当たりにします。最終的に100人の中から残った1人は完全な信者になる。奇跡の予言を目の当たりにしているのですから当然です。そして、信じ切った相手に対して、このままだと本当に大変なことが起こる、だからこの壺を買わなければという持っていき方が、占いの商法のやり方のひとつではあるなと思います。

苫米地 それで10倍の値段で売れれば、絶対元が取れる。

DaiGo そうです。簡単な算数の問題ですから。

エニアグラムが当たると思うやつはバカだ

DaiGo 占いと並んでよく出てくるのが、性格分析があります。例えばユングのタイプ論に始まり、タイプ論を発展させたＭＢＴＩ（Myers-Briggs Type Indicator、ユングのタイプ論をもとにした性格検査）があると思いますが、その信憑性について、苫米地先生的にはどう思われますか。

苫米地 ＭＢＴＩは、やっている人がエニアグラムと同じで信じているからつかえるんだ。**アメリカはエニアグラムがはやってて、日本では血液型がはやっている。アメリカで血液型がはやらないのは、白人社会は血液型の分類が偏っているから。モンゴロイドは意外と血液型は満遍なく分類している。エニアグラムは、星座もそうだけど、正確に9つに人口が分類されている。さらにその組み合わせのサブタイプがある。ある程度人口を満遍なくパターン化して分類することができると、それぞれにストーリーをつけて、ストーリーごとにちゃんと認識するようになる。**ストーリーごとに認識すると、それで性行的な思考ができるから、それによって行動の判断ができて、指針ができる。そうすると、それがない人よりも説得的な行動が促され、積極的な判断ができるから、必ず社会的に成功する。

DaiGo 信じる者は救われるということですね。

苫米地 そういうこと。でも、それだけであって。ただの確率。

DaiGo 性格分析の信憑性は置いておいて、それによって自発的な行動が促されるから、悪くはないという程度の感じですか。

苫米地 学問は、数学と物理と生物を全部一緒に教えたほうが本当はいいのは当たり前の話。生物学は物理学。

DaiGo　自然科学ですね。

苫米地　だけど、分けたほうが勉強しやすいんだ。一緒に教えるより分けたほうが、きっと成績がいいんだ。それと同じで、まずはそうやって分類的に見ることで、思考を形成していくから。もちろん欠陥は生まれてくるけど。9つくらいに分類すると、物の見方のパターンが出てきて、外れた場合、この人はエニアグラムタイプ1a型だけど、でもこの人は同時に2b型を持っているという判断ができる。それは外れているという意味だと思うんだけど（笑）。

いわゆるサブタイプがあったということ。でもサブタイプじゃなくて外れているんだよ。本人にとってはそういう解釈が外れじゃなくて、サブタイプと判断することによって、システム全体を維持しながら、この人はこのタイプに属するからと全部分類的に覚えている。エニアグラムが得意な人は、おまえは5年前に会った時はタイプ2aだったとか、いまだに言うからね。全部分類して見ているし、記憶している。行動の指針が全部具体的にあるわけだから整合的に長期に渡って人に働きかけることができる。それとどうしていいかわからないの差は大きい。

DaiGo　基本的にそういうところから出てくる行動は、多くの人が、例えば積極的に人に話しかけたほうがいいとか。

苫米地　間違ったら修正する方法論まで入っているわけだから。セールスと同じで、セールスが儲かっている人は声かけた人なんだ。ナンパと同じで、声をかけた人の成功率が高い。

DaiGo　3人しか声かけない人と、100人声かける人では違いますね。

苫米地　血液型とかエニアグラムとか信じていると、声をかける人になるだけの話だ。手相だって、一生懸命学んだらどんどん他人のを見たくなるわけだ。手相とか見ている人は仲よくなるわけで、手相というツールがないとただの赤の他人で、目の前に座っている人と会話さえ発生しないでしょう。

DaiGo　ある種、取っかかりになってはいます。

苫米地　「あなたの手相、見てあげる。手相、できるんだけど」「えっ、見てほしいです」とかいう会話が成り立つわけでしょう。エニアグラムもみんなそうだ。社会的に成功する要因、ツールに満遍なく分類されていて、体系的になっているシステムがあるから、あとはシステムどおり行動すればいい。外れたら外れたときの方法論が書いてある。外れと言わずにサブタイプと言う。ああ、なるほどねと私は思うんだ。

DaiGo　ひとつのコミュニケーション・ツールみたいなものですね。

苫米地　それだけのことだから。それがシステムの効用と言えば効用で、ビジネスなどでエニアグラムを使うのは何の問題もない。私はエニアグラムが本当に当たっていると思っているやつはバカだと思っている。でも社会的なツールとして役に立っている人がいることは事実だ。そこはビジネスとは違うところで、占いはビジネスでなくて占い師のために存在していると思う。占い師以外のために占いは役に立たない。それは最悪の職業でしょう。ビジネスは甲と乙の両方にメリットがあってはじめてビジネスになる。そういうと占い師は必ず「我々はメンタルのケアもしている」と言う。それなら、カウンセラーになればいい。

DaiGo　占い師がズタズタになりましたね（笑）。

僕も占いとか霊能力は結構辛らつに言いますが、ここまですっきり論理的に言われると、すがすがしい思いですね。

――日本は占い師が多いですね。

苫米地　社会が占いにはまる人を育てているから。朝のテレビ番組で「今日の占い」を流すのも電波法違反だ。これは宗教だもの。さっきいったように憲法違反でもある。

ミルトン・エリクソンはメンタリズムの精神科医

――催眠ということで、先生の詳しい催眠療法家として知られる精神科医ミルトン・エリクソンの話をお願いしますが。

苫米地　エリクソンは１９０１年生まれで、新しい人じゃないのね。１９３０年代に活躍して、有名になったのが１９７０年代ぐらい。１９８０年に亡くなっている。弟子が生き残っていると若手は思っているみたいだけど、それは彼らのプロパガンダで、実は弟子はいなかった。

DaiGo その説は僕もネットで読みました。

苫米地 「私たちが弟子だ」という人がいっぱい出てきたのが1980年代から1990年代。ミルトンはすでに死んでるからそういうことを言えたのだと思う。

DaiGo 3人が有名みたいですけど。自称でしょう。

苫米地 リチャード・バンドラーとかジョン・グリンダーが弟子というのは言ってもいいかもしれない。ミルトン・エリクソンはもともと臨床家だから。精神科医で一生過ごした人。ミルトン・エリクソンが有名になったのは晩年になってから。もともと小児麻痺で車いすで、おじいちゃんになってから有名になって、アメリカじゅうを講演させられたんだよね。そのときの1970年代の講演会を聞いた人が「私が弟子でした」と言っている。

本当の弟子だとしたら、40代、50代、60代のミルトン・エリクソンだったときの弟子でしょう。今生きていたとしても90とか100とかだ。ただ、1970年代に20代だった人であれば、今は現役でいるわけだ。今60代ぐらいで「私は専門家だ」と言っている人は、もしも本当なら、70年代のミルトンの講演会の聴取者だ。

ただリチャード・バンドラーとジョン・グリンダーはミルトンの自宅に行っている。リチャード・バンドラー、ジョン・グリンダーの2人だけは、もしかしたら、広い意味で弟子と言っていいかもしれない。

ＤａｉＧｏ　ずっと見てきた人という意味ですね。

苫米地　自宅に呼ばれているしね。

――自宅に住み込みみたいな形で入って教えてもらった人たちも３人ぐらいいるんですね。それもずっとではないですね。２、３年ぐらい。

苫米地　その人たちはみんな90を超えているはずなのね。なぜか、ミルトン・エリクソンは１９７０年代に有名になったから、１９７０年代に現役バリバリの人だと思っている人が多いのね。違う。１９３０年代、１９４０年代に活躍した人です。

ミルトン・エリクソンの方法が有名になったのは、１９６０年代にベトナム戦争が起きたとき。アメリカの保険制度と軍の都合もあるけど、当時のロジャース派、いわゆる聞きまくり派、それと昔からあるフロイト派が中心だったときに、フロイト派でいうと、フロイトの本に、精神分析をやりながら週２、３回の面談を3年続けなさいと書いてある。そんなやり方を毎年数十万人帰ってくるベトナム帰還兵にやっていたんじゃ、アメリカの保険システムが崩壊する、軍が破産するということで、もっと短く治せる方法を軍は探していた。

もうひとつ、ロジャース派がやっていたやり方で、聞きまくり。非介入的というんだけど、メンタリズムを使わないわざ。聞くだけの方法。これも物すごく時間がかかる。しょうがなくて、ロジャース派で発明したのが同時にたくさんのクライアントを相手にするやり方。今でもある。映画とかで、アルコール依存症になった人がグループで自分のことを語るやつで、精神科医は司会者になる。あれはロジャース派。精神科医は介入しない。同時にたくさんやるからアメリカの保険のシステムになじむ。

ただ、それは、今でもそうだけど、アルコール依存症だとかは自己責任で、おまえのせいだみたいに本気で治す気あるのかあやしいような方法論。「ただのアル中じゃん、おまえら」という感じ。でも、ベトナム戦争のトラウマはフロイトが言っているトラウマよりはるかに深い。フロイトのやつは大体が性的な話。ところが、ベトナム戦争のトラウマは、どう考えても性と関係ない。となりの人の頭が吹っ飛んだ。性的な子どものころの話をされてもねと思わない？

DaiGo　子どものころ、性的ないたずらをされたのがトラウマだという間違った認識ですね。

苫米地　それで訴訟まで起こって、大きな問題になった。本当に訴訟になったら、実はそんなのなかったというのがいっぱい出ている。

エリクソンのやり方は、メンタリズムの精神科医版だと思ったらいい。いろんなことをその場で発明するから、私は行き当たりばったり法というけど、それをカッコいい言葉で戦略的というのね。戦略って、そうでしょう。戦略兵器って、「飛ばして撃って殺しましょう」としか書いてない。間のやり方は自分で考えろみたいな。1個中隊が攻めに行ったときにいろんなことをやっているけど、全部その場でやる。だから、タクティクスだよね。戦術はその場で発明する。戦略は、簡単だ、でかいんだ。攻めて殺す。エリクソンも呼んだやつは治してしまう。それが彼の戦略。あとの戦術は全部その場で発明するわけ。だから、私は「行き当たりばったり法」と言っている。それを思いっきり介入的にやる。それは催眠なわけ。いわゆる伝統的な、振りかぶったり、凝視をやったりするような催眠術じゃなくて、ナチュラルな人間関係の中に埋め込まれるわけ。

DaiGo　日常会話などに暗示を埋め込み、気づかれないように介入していく方法ですね。

苫米地　特に言語以外のわざをいっぱい使っている。それを苫米地ワークスのクラスでいろいろ教えるんだけど、いわゆるエリクソン派のやり方はテープレコーダーでミルトン・エリクソンがしゃべった録音を、あとの人が分析して本とか書いてるから、アメリカではミルトン・エリクソンの方法は全部言葉ということになっている。もちろん言葉は使っているけど、本質はその空間でのわざなんだよ。

DaiGo　どういうわざですか。

苫米地　気だよ。無意識から無意識の伝達。それが得意なわざだ。その空間における存在のすべての認識に対しての介入で、その中のひとつが言語で、言語以外がすごくいっぱいある。

DaiGo　実際に、エリクソンは半身が麻痺していたので、しゃべるのもうまくいかず、英語も聞き取りにくいんですが、しゃべるタイミングとか話しかけ方だとか……。

苫米地　言葉の内容というよりは、しゃべり方だったり、音程だったり、まさにそのとおり。あとは手の動きから、全部。

質問　目線の動きひとつであったりとか。

苫米地　エリクソンのやり方は、今でもそう呼んでいる人がいるかもしれないけれども、ブリーフセラピーと言っている。短いという意味で。1回の面談で治してしまう。そうすると、米軍は腰を抜かすわけ。今までロジャース派で、グループで集まって数年、フロイト派で3年、5年かかっていたのが。「それを1回で治すのですか、これはすごい」と言って、エリクソン派がいきなりガーンと注目を浴びたのが1960年代。以後、軍で取り入れることになって、軍で起きたことは10年、20年かけて民間に伝わる。それで、実際に1970年代にミルトン・エリクソンという人がアメリカで急に有名になった。すでにミルトン・エリクソンは70代の晩年。日本で今頃有名になったコーチングのルータイスのようだ。

法脳から解き放たれた人に新しい指標を与える

苫米地　そのころ、リチャード・バンドラー、ジョン・グリンダーの時代が来るわけ。ジョン・グリンダーはＣＩＡの人で、ＣＩＡから研究予算をもらっていた大学の先生だった。

その一番弟子の大学院生がリチャード・バンドラーで、その２人が、期間でいうと本当にひと夏ぐらい。ただし、行ったり来たりだから、何回のレベルだと思う。何十回じゃない。ミルトン・エリクソンのところに通ってつくり上げたのがＮＬＰなんだ。ただ、ＮＬＰが始まった当初、私も覚えているんだけど、自分たちがエリクソンのわざだとは言ってないんだ。いろんな人の名前を言っている。こういう人達のいろいろなわざを統合してやりました。当時は軍の予算をもらっていたから、ミルトン・エリクソンという人をあんまり有名にするなという暗黙の了解があったのかもしれない。

ＤａｉＧｏ　今は催眠的なのが入っているけど、もとは言語学の一分野ということですね。

苫米地　今では懐かしくなっちゃった、当時のチョムスキーの生成文法、本でいうと『Aspects of the Theory of Syntax』、そこの言語理論。60年代のチョムスキー理論でつくっている。Ｄストラクチャー、Ｓストラクチャーと。今でもその言葉を使ってる人がいる。

「ちょっと待ってくれ、言語学者に言ったら、それは笑われるぞ。チョムスキー自身がその後理論を5回ぐらい変えているから」と言うんだけど、まさに言語学のひとつとしてやろう、言語的な構造のシステムの中にミルトン・エリクソンの秘密があると当時思ったんだと思う。

DaiGo もともとエリクソン自身は教えなかったらしいです。もともと弟子はとらなかったのもあると思いますね。まさに戦略的で、エリクソニアン・アプローチは戦略的心理療法とも呼ばれていました。弟子たちが、「先生、何であんなに早く催眠を入れられたんですか」と聞いたら、エリクソンは、ニヤッとしながら「だって、そうなるでしょう」と言ったらしいんです。エリクソンは、相手が技術を持っている。彼はそれを引き出すだけであって技術を体系化して教えるということはしなかったそうです。

苫米地 それが行き当たりばったりということ。人間はみな変性意識下にいる。そうでないのは、釈迦ぐらいしかいない。仏陀以外はみんな変性意識だから、それをチョコチョコと引っ張り出して強化してあげればいいだけの話。そして病が治るのも、クライアントの中にその治療法がある。それを引き出すだけ。

DaiGo ゴールを見定めるというよりも、ここに落とすというのを決めておいて、そこまでどう行くかのルートを相手に選ばせて、気づいたらそこに落ちるという方法ですね。

苫米地 ミルトンは明らかにメンタリストだよ。

——ミルトン・エリクソンの技法をメンタリストは取り入れた。

苫米地　歴史からいうとそうなるよ。エリクソンはすごい古いんだよ。有名になったときはじいちゃんだから。本当の弟子って、生きているはずがないわけ。本当の弟子は1940年代が最後ぐらいだから。

DaiGo　メンタリズムがエンターテインメントのパフォーマンスになったのは1948年から49年のことです。

苫米地　だから、ミルトンが1930年代、40年代に活躍したのを横でまねをしていた。または、何らかのルートで直接学んだ。軍より早く知ったということだ。

——メンタリズムとして一番最初のペディントン夫妻、彼らも結局、イギリス軍に招聘されて行っていますね。

苫米地　軍がミルトン・エリクソンを取り上げたのは60年代だから。軍で取り上げるというのはすでに有名だったからだと思うけど。

——ああいうメンタリズムにしても、エリクソンの現代催眠にしても、当時は軍が、冷戦時代とかがあったから、すぐに取り入れようと思った時代なんでしょうね。今、自衛隊とか公安に、この平成の時代に入ってからは、ポーンと呼ばれたりはなくなってきていると思うんですが、そうでもないんですか。

苫米地 うちのクラスにはいろいろな所属の人が学びにきてるよ。軍関係者も来たことあるよ。

――オウム事件のときは、公安と連絡をとってやっているわけですからね。

DaiGo 苫米地先生の場合は、逆に有名になり過ぎてしまって、下手に呼べなくなっている感じもします。

――ある学会の集まりで「宗教をつくる」という話を聞いたことがあります。

何が一番おもしろかったかというと、最後に、みんな資本主義に洗脳されているんだよという話で、みんながある程度納得したあたりで、「というわけで、おカネというのは要らないものなんだ、それを全部なくしなさい。宗教じゃなくて、政党をつくる、それを僕のところに持ってきなさい。政党をつくれば資本主義から解放される。それを僕たちは絶対つくってみせます」と、洗脳に入っちゃったじゃないですか（笑）。脱洗脳と言って、解いて解いて、新しいものを投げ込んで、どういうことだと思って見ていました。

DaiGo でも、解き放しだと、洗脳の場合にはまずいような気がしますね。

苫米地 それはいい質問。それがずっと悩み。昔は科学者オンリーだったから、洗脳は解く以外はやっちゃいけないという論理なんだ。そうすると、オウムにはまっている人、統一協会にはまっている人、何でもそうで、思いきり宗教にはまっている人は生産性が高い。だって、1日睡眠3、4時間で、一日じゅうビラを配っていたり、花を売っていたり。それは日本じゅうのメーカーが学びたい（笑）。うちの工業専門学校卒業生たちに教えてくれよ、じゃん。私は実際、福山通運の小丸社長と仲がよくて、友達で、もう10年以上前だけど、「うちの運転手たちを洗脳してくれ」と言われていた。私、3年連続ぐらい、福山通運の入社式にいつも行っていたけど、入社式では洗脳できません。

――自己啓発セミナーなども、企業が洗脳したくて利用したい。

苫米地　洗脳は解いてしまうと、いきなりただの人になる。それまでの自分の利益を忘れてガムシャラに働いていた奴隷ではなくなる。解いてしまっちゃったら、家族から切り離されて、生産性もない仕事もないフリーターだ。その上、たいてい思いっ切り自己中心的でわがままになる。洗脳のタガが外れるから。これ、ヤバくない？　私の仕事はそこまでだと思ったけど、最近はちょっと変わってきて、どうしようかなというので、何か有意義な価値観とか、「空」の思想を教えたらいいかとか考えるようになった。もちろん、ビジネスコーチングみたいなことも考えられる。ゴールを設定せよということ。「私の本を読め」と教えるのもひとつ。

――資本主義じゃないですか。苫米地さんは資本主義からの解放だと言うけど、一番資本主義を体現している人ですから。

本当に自分で考える能力があって、本当に自分で何か見きわめられるんだったら、資本主義から脱却したほうがいいけど、今現在資本主義でいる限り、資本主義の中で生き延びるためにおカネを持たなくちゃいけないというのは当たり前の話で、それを苫米地先生に言われただけで、「そうなんだ」と会場の半分ぐらいは思いますね。

DaiGo 苫米地先生の本が昔から好きで、よく読んでいました。以前は、洗脳を解くというのが中心でしたが、最近はそれだけではないですよね。「解いた人に新しい指標を与える」というところにきていると思うんです。僕は思いますが、もし脱洗脳あるいはしがらみから解き放たれた人たちは、影響をものすごく受けやすい状態にあるんじゃないかな。ある宗教から足を洗っても、ちょっとしたらまた別の宗教に入ってしまう人がいるのは、そうだと思うんですね。信じるものがないと、人って進めないと思うんです。メンタリストたちがつけ込むのはまさにそこで、占いの相談に何回も行ってしまう。結局何かを信じたいのでしょう。結局脳は不安定を嫌うので、安定を求めて、通い詰めるのでしょうね。

そういう意味では、苫米地先生が「私の本を読め」と言ったことにより、救われた人も多いのではないですか。

苫米地 本が1500円から1700円。それまでは1700万円お布施した人が1700円で済むんだよ。月3回ぐらいを10年ぐらいなんだけど、それにしても大したことないでしょう（笑）。

Column-4

NLP Neuro-Linguistic Programming

神経言語プログラミングと訳される。リチャード・バンドラーとジョン・グリンダーを始祖とする人間の感覚要素をもとにして心の主観的な体験を研究する学問。バンドラーとグリンダーは催眠療法のエリクソンに大きな影響を受けて、心理療法とカウンセリングの方法論を確立していった。技法として有名なのは、アンカーリングとかで、パブロフ的な要素を埋め込むことである刺激によって特定の心理状態に誘導するとか、リフレーミングで物事の意味付けの読み替えをしたり、アイ・アクセシング・キューとかで、目の動きで感覚要素を読むとかの方法がある。人間の主観を研究する学問なので、自己啓発的な発展もし、コーチングの技術としても様々な発展を遂げている。

NLPの創始者、リチャード・バンドラー（左）とジョン・グリンダー（右）

洗脳の定義（「苫米地コム」http://www.tomabechi.com より　１９９８年9月25日付）

はじめに

最近のToshiや貴乃花の「洗脳問題」で、あれは洗脳といっていいのかとジャーナリストから質問されることがあります。私の答えは、Ｙｅｓです。「洗脳的」という言い方がより望ましいと思いますが、起きている出来事の重要性を伝える意味では、はっきり「洗脳」といってしまって差し支えないでしょう。

まず、この問題を考えるにあたって、概念の定義とはどういうことかということから入りましょう。ある概念（知識）がなんぞやを研究する分野をオントロジー（ontology、存在論）といいます。現代哲学においては、オントロジーは、特に人工知能に知識を表現するという必要性からも、大きく発展しています。

例えば私の流派（material representationalist　物質論的表象主義）では、概念の上下関係は、包摂半順序（subsumption partial order）という情報内容の上下関係を比較の基準とした関係で定義し、概念は、その包摂半順序による亜束（semilattice）上での場所で代数的に定義します。数学の苦手な人に平易に言い換えると、概念は、全体（宇宙）の中のあるものを、あるグループの集合体に写像する部分関数として定義できるということです。このように、概念とは、関数に他ならないというのが、我々の基本的な立場です。

これは、オントロジカルな意味での個々の概念の定義は、他の概念との情報内容の大小関係を利用して行うことができますという主張です。例えば、猫の上位概念（superclass）は、動物です。アメリカンショートヘアーは猫の下位概念（subclass）です。

アメリカンショートヘアであれば、必ず猫であるわけで、「アメリカンショートヘア」という概念のほうが、「猫」という概念より、情報が多いわけです。うちのペットの「よしこ」は、「アメリカンショートヘア」のひとつのインスタンス（instance、実例、事例）です。

そこで、誰かが私に、アメリカンショートヘアって何と、質問したとします。私の答えは、「それは、猫の一種のことで、（よしこを指さしながら）あの猫もそうだよ」といいます。これがアメリカンショートヘアの定義ですよというのが、我々の考え方のエッセンスです。非常に常識的な立場でしょう。

洗脳の上位概念

ここで、「洗脳」に話題をちょっと戻します。まず洗脳の上位概念（superclass）はなんでしょう？　私は、Cognitive Behavioral Methods ぐらいかなと思っています。敢えて和訳すれば、「認知的行動的手法」でしょう。概念の面白いのはひとつの言語にその概念があるからといって、別な言語にその概念を表す単語があるとは限らないことです。「認知的行動的手法」は、１９６０年代から70年代半ばまでの行動主義の時代から、70年代半ば以降現在もつづく、認知科学の時代のそれぞれで発明されてきた、あらゆる洗脳的な手法や臨床的な手法を包括する概念です。古くは、ゲシュタルトセラピーやいろいろな古典的な心理手法も、現代的なＥＭＤＲなども、認知的行動的手法のひとつでしょう。そういったあらゆるメソッドのなかで、被験者の為ではない（ようするに臨床的でない）方法のなかで、社会的にあまり価値のないものの集合を「洗脳」といっているのでしょう。

我々科学者が時折おこなう心理物理実験は、被験者の心の病気を治す為にやっているのではないので、被験者のための臨床手法ではありません。それでも、科学の進歩という社会的に価値を認められている範疇にはいるので、「洗脳的」なグループには入らないでしょう。このように、我々は、概念を特に情報内容の上下関係をベースにしたグループ化によって定義します。

直訳的定義の困るところ

たまに、困ったひとがいて、英語の単語を日本語に訳してそれをそのまま概念の定義としてしまうひとがいます。アメリカコンプレックスの学者さんや評論家さんの典型的なパターンです。いい例が洗脳です。勿論語源的には、英語の brainwash という単語の直訳です。だから、洗脳とは brainwash である、ところで、米国の文献によると、brainwash とは……、とやられると、それはまるで明治の学者さんです。私たちが知りたいのは、「洗脳」という概念とは何ぞやということであり、その語源の brainwash という単語の意味はなんぞやを知りたいわけではありません。

言葉は生きています。言葉の意味は、その言葉が利用される環境での使われ方で決まります。（これを pragmatics、語用論と言語学ではいっています）。例えば、日本語の川と中国語の川と英語の river の意味は違います。日本人にとっての川は、中国人にとっての、揚子江などの川のイメージとは、全然ちがいます。また、コロラド州のアメリカ人とマンハッタンのアメリカ人でも全然ｒｉｖｅｒの意味は違いますので同じ言語間でも場所によって同じ形態素からなっても言葉の意味は異なります。これは、インスタンス（実例）に近いレベルの川のそれぞれの下位概念（サブクラス）達ですので、そうなってしまうわけです。

英語の単語を直訳し、英語の辞典にあることを鵜呑みにすると、このように、実際は上位概念（スーパークラス）のレベルで定義を知りたいのに、サブクラスの定義を言われてしまいます。

はっきり言って日本は遅れています

大体、計算機科学とか、脳科学、現代心理学といった分野では日本の学問は10年位アメリカに遅れている分野が多いです。もちろん、日本のほうがちょっと先という分野もあるのですが、これらの最新の学問は、もともとアメリカの先生達が生み出したもので、さらにそこで、日本より遥かに厳しい競争社会であるアメリカの学会で、世界中から集まってきたもともと桁違いに賢い人たちが、文字通り、朝から晩まで研究しているわけですから、日本が引き離されるのは、まあしょうがないところです。

日本では、一度助手になれば、よほどの事がなければ、いずれ講師になって、更に助教授になれるし、一度助教授になれば、年をとればだいたい教授になれます。ところが、アメリカでは、助教授になってもさらに数年成果を上げ続けて、tenureという地位を確保しないと、教授になれないどころか、助教授で大学をクビになります。私などは、日本では、国立大学の助教授という、絶対クビにならないポジションにいたのですが、助教授をやめて、在野で仕事をしていると、アメリカの同僚達は、日本のぬるま湯を知らないものだから、tenureを取れなくてクビになったのだろうと同情してくれています。

このように、もともとその学問を生み出した国で、その学問を生み出した先生達の弟子が、厳しい競争社会で必死で研究をやっているのだから、日本が一般的に学問では10年遅れているのは、まあしょうがないところです。勿論、10年遅れているのは、日本の研究期間の一般レベルの話で、最先端の研究所には、アメリカでもトップレベルでやれる人はいくらでもいるし、逆に、遅れた大学なんかでは、20年遅れているところもざらにあります。

ただ、私の場合などは、研究分野である機能脳科学（functional brain science）で共同研究を始めていたアメリカの研究者達の誰かが次回あたりは、ノーベル賞でもとるのでは、などとボストンで話をしていた矢先、帰国してみると、一部の学者から、「そんな学問はない」とやられましたから、この研究レベルのギャップを日々痛感する世界にいることも事実です。（因みに現在の飯のタネであるインターネットの世界も似たようなものですが。）

個々の事例との類似性は、概念の定義ではない

ちょっと脱線しましたが、ようするに言いたいことは、アメリカの最先端の研究の成果が書かれたものになって、さらに和訳されて、日本に浸透するまでの時間のギャップは、研究成果そのものが、アメリカで上がっている以上しょうがないものがあるということと、その和訳を権威ある定義だとしてしまうと、良くて10年、悪くて20年遅れた定義になりますよ、ということを言いたい訳です。

大体私達が知りたいのは、brainwashingという、米国におけるいろいろなインスタンス（実例、事例）をグループ化したに過ぎない単語の意味ではなくて、もっと抽象化された「洗脳」の概念そのものの定義です。

Toshiや貴乃花を見て私に質問をしてきたジャーナリスト達の「あれは洗脳ですか」という質問には、私をうならせる困った日本の学問の実状がこのようにからんできます。ジャーナリスト達が思い浮かべている「洗脳」は、確かに概念として存在します。それは、先に定義した「認知的行動主義的手法」の下位概念であり、昔の中国共産党等が利用した一連の「brainwash」手法から帰納的定義した概念の上位概念になるものでしょう。

現在でも、そのインスタンス（実例）が存在している概念でなければ、質問の答えとして親切ではないでしょう。英語なら、それに当てはまりようなのは、unethical cognitive behavioral control とでもいえる概念だと思いますが、どうも、日本語では、「洗脳」という言葉がぴったりのようです。昔の中国共産党的な、物理的に拘束してガンガンやるやり方は、当時 brainwash と呼ばれていましたが、これは、英語では死語に近い言葉です。どちらかというと mind control という言葉のほうが生きていると思います。

一方、日本語では、「洗脳」ということばは生きています。「洗脳セミナー」とか、「カルト洗脳」とか「洗脳された」という言葉は、良く聞く言葉です。だいたい昔の中国共産党的な「brainwash」は世界中まあどこにももうないでしょう。少なくとも日本ではあり得ないでしょう。でも、それで、Toshi や貴乃花は、「brainwash」ではないといっても、そんなのは当たり前で、答えになっていないし、それを、概念の定義レベルで言ってしまえば、それは、クラスとインスタンス、つまり、概念とその実例の差を取り違えて、説明してしまうことになります。

それでは、マインドコントロールか

それでは、Toshi や貴乃花は、マインドコントロールされているのでしょうか？　まあ、Toshi はそうでしょうが、貴乃花はグレーゾーンです。貴乃花は、マインドコントロールプラス　ボディコントロールでしょうね。大体、鍼や整体をつかって、内部表現を操作するなどという手法は、mind control という概念をわれわれ科学者が米国で生み出した時には、考えてもいませんでしたから。ここに、貴乃花のケースを押し込むのには、無理があります。(何でも鍼では、人を催眠状態にしてしまうツボがあるそうですから、こんなことは、米国では知られていません。)

Toshi の場合は、まさにアメリカで生み出されたセミナー手法ですから、mind control の定義が生み出された時の典型的なインスタンスを包含して抽象化した概念としての mind control とぴったり合致します。Toshi の場合と貴乃花の場合の両方に共通する上位概念は、まさに、認知的行動的手法の下位概念であり、また、「本人の為ではない」とか、「何らかの行為者側の利益のため」といった情報が付加されて（extention といいます）、サブクラス化された下位概念が私たちの求める洗脳の概念でしょう。

この概念を表す言葉としては、やはり英語では、unethical cognitive behavioral control と私ならいうでしょう。日本語だとどうも「洗脳」がぴったりだと思います。ぴったりだと思う具体的な根拠は更に下に書きましょう。

ただ、ここで言いたかったのは、昔の中国共産党などがやっていたと言われている brainwash のインスタンスにならないからといって、「洗脳」ではないというのは、簡単に言えば、翻訳の問題。大上段に構えると、アメリカの文献（の和訳）に書かれていることだけが権威だと思いこんでしまった日本の学会の、典型的なパターンを感じます。勿論そのような主張をされている先生方の名誉の為に言っておきますが、それが、誤りなのではなく、それを正しいとする文化を生み出してしまった、日本の学会っぽさを感じる私個人の感想であり、その世界で活動されている先生方にとってはそれしかない選択でもあるのです。

概念（class）とその具体的な事例（instance）はオントロジカルに異なる存在です。もはや、昔の中国共産党式の洗脳（事例）は世界中で見つけだすことは困難でしょう。だからといって、「洗脳」（概念）が社会になくなったわけではありません。昔の中国共産党のやり方（事例）を聞いて、それを抽象化して「brainwashing」（概念）という言葉を生み出した我々科学者は、その概念を生み出したのであり、その事例に名前をつけたわけではありません。従って、昔の中国共産党式の洗脳と合致しないからといって、これは、洗脳ではないと判断するのは、危険なことです。

たとえば、中国共産党がbrainwashingをしていた時代のコンピュータは、コアメモリという丸い磁石の中に電線が通っているメモリをつかっていました。（その頃、虫がコンピュータに入り込んで誤動作をしてしまったのをbugと呼んでいた時代です。）この時代の文献しか読んだことのない計算機科学者がもし日本にいたら、私のノートパソコンは、これは、コンピューターではないと言われるでしょう。丸い磁石という重要な要素が欠けているといわれますから。

Toshiがはまっている自己啓発セミナーの類のやっていることを、あれは洗脳ではないというならば、同じ間違いをしでかします。洗脳ではないという人は、きっと「洗脳は、本人の意志に反して無理矢理マインドコントロールすることである」といった主張をするでしょう。私にとってみれば、これは、丸い磁石という必要不可欠な要因がないので、iMacもVaioもコンピュータではないといっているのと同じに聞こえます。

現代のコンピュータは、丸い磁石なんか使わなくても、シリコンで記憶できるのです。同様に、現代の洗脳は、相手の意志に反しなくても、相手に希望させて洗脳できるのです。どちらのケースも要するに技術の進歩ですね。

オウムがやっていたことは、誰がみたって洗脳です。でも、オウムをやめた人たちに聞けば、口を揃えていいますが、意志に反して無理矢理入信させられた人なんていません。(入信後に、帰してしてもらえず、場合によっては殺されたひとはたくさんいるようですが。)そこで、オウムのやっていたことは、「意志に反して」が洗脳かどうかの基準になってしまうのならば、洗脳ではなくなってしまいます。

私は、オウムがやっていたことは、洗脳だと思います。同様に、Toshiにやられたことも、貴乃花にやられたこともだと思います。ただ、本人を喜ばせたまま行う少し現代的な洗脳だと思っています。

それでは、マインドコントロールかというとyesでしょう。ただ、貴乃花の場合は、直接的生体への作用まで利用したボディコントロールとでも言うべき、もともとmind controlという概念がつくられた時に科学者が考えていた、「内部表現の操作による思考の制御」という範疇には入りきれないものがあり、マインドコントロールプラスαでしょう。こうしてみると、現代の日本語の運用論まで考えてみると、「洗脳」という日本語が表現する概念は、マインドコントロールを包含する(subsumes)の上位概念(super class)ということになりそうです。

また、「同調作用」といった説明をされている先生方もいらっしゃると聞いていますが、それは、現象を説明するひとつの語句としては間違いないでしょう。ただし、これは、洗脳下における顕著な作用のひとつを表している言葉ですから、同調作用がみられるから、洗脳ではないという訳にはいきません。

同調作用というのは、同じ環境を共有していると起きやすい作用ですが、催眠作用と同様に、通常術者のいる環境から離れたり、一晩寝れば、消えてしまうものです。それが、術者がいなくても同調作用が永続してしまうように仕掛けるところが洗脳の洗脳たるゆえんです。

なぜ、洗脳ということばがぴったりか

さて、次に、「洗脳」という概念がぴったりと感じる根拠について話しましょう。包摂半順序(subsumption partial order)を利用した概念の形式的な定義(formal definition)の手法を冒頭で説明したわけですが、これ以外にもう一つやり方があります。

英語では、operational definitionと呼んでいるやりかたです。運用的定義とでも訳しましょう。さらに、定義の手法ではなくて、定義とはなんぞやというオントロジカルなレベ

ルの問いで、inductive definition と deductive definition のそれぞれの立場があります。帰納的定義と、演繹的定義です。これらの視点から話を進めましょう。

私達各分野の基礎研究者（最低でも基礎科学分野の博士号取得以上の研究者）の特権は、分野における概念の形式的定義を行い、これが正しいと主張することができるということです。勿論、こういった形式的定義は、世界への主張ですから、当然通常、英語の文献において発表します。

勿論ある人の主張がそのまま受け入れられるわけではなく、学会や学会誌でディベートが行われ、最終的に形式的定義が何となく合意され、その後、一般紙や書籍で利用される概念となるわけです。こういったプロセスを経る訳ですから、例えば現代の機能脳科学的な立場からの定義が一般の文献となり、さらに和訳されて国内に浸透するのには、最低でも数年はかかるでしょう。

だからといって、実際の社会での出来事は、待ってくれません。洗脳の例で上でのべたように、当時の形式的定義とでもいえる中国共産党の時代の手法等を見て行った洗脳の帰納的定義は、もはや、現代の現実の洗脳手法を表してはいません。この場合に、利用すべきなのが、運用的定義の方法です。これは、その分野におけるあらゆる文脈（context）

のなかで、特定の言葉がどのように利用されているかを調べ、その総体の抽象化としての概念の定義を行う手法です。

要するに、その言葉を形式的に定義することなく、まずどんどん使ってみて、その上で、ある程度使った段階で、その総体としての概念化を行うということです。例えば、破壊的カルトのような集団があまり目立たなかった日本では、危ないセミナーはもう10年以上続いていると思いますが、例えば「洗脳」という概念が形式的に定義されてはいませんでした。理由は簡単で、この分野で努力されている、カウンセラーの先生や臨床家はたくさんいると思いますが、形式的定義を行う特権を持った基礎研究者が日本にはいなかったからです。

そこで、やるべきだったのは、20年前のアメリカの文献の翻訳から、これが、「洗脳」だといった「いにしえ」の形式定義を引っぱり出してくることではなく、現場のカウンセラーやジャーナリスト達が使ってきた「洗脳」ということばの文脈を網羅して、運用的定義をすることだったでしょう。

その場合、オウムのやっていたことは明らかに洗脳であり、Toshiがはまっているようなセミナーグループの手法も洗脳でしょう。これが、「洗脳ということばがぴったし」のゆえんです。

ただし、こと「洗脳」という言葉に関しては、形式的定義を行う特権を持った基礎研究者のひとりである私が帰国し定義をしてしまった以上、基礎研究者の方々には、これにチャレンジする論文を書いていただき、また、応用分野や臨床分野の方々には、当分私の定義をお使い頂くのが、学問的には安全かと思います。

ところで、帰納的定義が演繹的定義かという選択は、本質的には、形式的定義をどのように作るかという、基礎研究者が悩むべき話題で、運用的定義を利用する場合は、あまり関係ないことですが、帰納的定義では、インスタンスをたくさん見て、その抽象化を試みます。これは、一見、運用的定義と似ていますが、運用的定義では、形式的に定義しないで概念（クラス）を実際に利用（運用）してしまうことを、ある程度続け、その後その総体を抽象化するという行為であり。具体的なインスタンスから直接抽象化を試みるオントロジカルな立場を表す帰納的定義とは、異なる概念です。

この方法がいいところは、具体的事例を的確に抽象化できるところですが、一方で、ありとあらゆる犬をみて、「犬は、4本足で歩いてワンとなく、家畜」みたいな定義をしてしまう危険性もあります。この場合、交通事故で片足を失った犬は犬ではなくなってしまうし、もし、野生の犬というのが存在すれば、犬ではなくなってしまいます。つまり、事例として集められたサンプルが網羅的である必要性があります。中国共産党と、どこかのカルトと、どこかの軍隊程度の数のサンプルから帰納的定義をしてしまうと、「洗脳」の例のように、あまり使えない定義が生まれてしまう可能性があります。

一方、演繹的定義では、あらかじめ、概念として形式化定義された知識、（つまりアプリオリな知識）を利用して、定義を行うやりかたです。その意味で、その定義を実際に具現化する事例（インスタンス）が見つかる保証はありません。

冒頭の私の「洗脳」の形式的定義では、「認知的行動的手法」（cognitive behavioral methods）という学会では受け入れられた（アプリオリな）概念の下位概念（サブクラス）として洗脳を定義しました。これに際して、「本人の為でない（臨床的でない）方法のなかで、また社会的に価値のないもの」という付加情報（extention information）を加えることにより、「洗脳」を「認知的行動的手法」の下位概念化したわけです。

これは、演繹的手法です。そして、これのインスタンスとして、中国共産党の例、オウムの例、Toshiの例、貴乃花の例が事例化できるかを考えます。私には、どう考えてもそれぞれ正当な事例だと思います。つまり、冒頭の包摂半順序による私の「洗脳」定義はどうやら役に立つ概念のようです。もし、これに疑問がある基礎研究者の方は、是非論文をお書き下さい。

ところで、余談ですが、「認知的行動的手法」の下位概念で、「臨床的ではないが、社会的に価値のある」ものは何でしょうか？　私は、これが「教育」のひとつの定義だと思っています。

今回は、「洗脳」ということばが、古すぎる形式的定義しかないまま、ああだこうだといわれていたので、現代的な形式的定義を敢えてしたわけですが、その他のこのような概念は、臨床家や、ジャーナリストは、基礎研究者による形式的定義の合意を待たず、どんどん利用して、それらの利用に関して、「古い文献によるとこれは権威ある定義と違う」などとやぼなことはいわないで、たくさん事例に合わせて利用した上で、それら各文脈の総体としての運用的定義を行えば良いと思います。

最後にもう一つ、「洗脳」ということばで、オウムや、Toshiや貴乃花の例を総括すべきだなと感じる、非形式的な根拠は、「これらを洗脳と呼ばないで、何とする」という危機感が私にはあるからです。最近、洗脳的な手法を、カルトやマルチ商法、一部のセミナー団体を含む半社会的な団体が容易に利用できるようになっています。これは、その手法がだんだんマニュアル化されてきているからです。

危険なのは、例えば、サリンを撒いた人たちは、ＬＳＤで特別に無理矢理洗脳されたから撒いたわけではないことです。ヴァジラヤーナをそこまで、信じるに至る過程では、ヨガによる、まさに貴乃花に行われたのと同様な、身体的な洗脳手法と、説法会や修行を通した、まさにToshiに行われたのと同様な、ゲシュタルトセラピー的な洗脳手法があったからです。

勿論、オウムにはその他のテクニックもありますが、そのどれもが、本人達が自主的に、お金まで払って参加しているものだということです。医師にサリンを撒かせる程のレベルの洗脳を、本人が自主的に修行をしているからといって、洗脳と呼ばずに、何を洗脳と呼ぶのだという危機感があります。

現代的な洗脳はそれほど危険なものであり、Toshiがはまっているようなセミナーグループの手法も同じくらい強力なものだということを、知らしめる意味でも、はっきりと「洗脳」と呼ぶべきだと思っています。

幸い、Toshiの属している団体は、平和的かつ社会的な団体のようですが、そのリーダが突然気が狂ったり、犯罪集団にのっとられる可能性がないわけではありません。その意味で、あれも洗脳であるとはっきりと言っておくべきだと思っています。

装丁　渡邉民人（TYPE FACE）
本文フォーマット　新沼寛子（TYPE FACE）
人物フォト　石本馨
撮影協力　NONES LLP

Profile

苫米地英人

とまべち　ひでと

1959 年、東京生まれ。認知科学者（機能脳科学、計算言語学、認知心理学、分析哲学）。計算機科学者（計算機科学、離散数理、人工知能）。カーネギーメロン大学博士（Ph.D.）、同 CyLab 兼任フェロー、株式会社ドクター苫米地ワークス代表、コグニティブリサーチラボ株式会社 CEO、角川春樹事務所顧問、中国南開大学客座教授、全日本気功師会副会長、米国公益法人 The Better World Foundation 日本代表、米国教育機関 TPI インターナショナル日本代表、天台宗ハワイ別院国際部長、財団法人日本催眠術協会代表理事。

マサチューセッツ大学を経て上智大学外国語学部英語学科卒業後、三菱地所へ入社。2年間の勤務を経て、フルブライト留学生としてイエール大学大学院に留学、人工知能の父と呼ばれるロジャー・シャンクに学ぶ。同認知科学研究所、同人工知能研究所を経て、コンピュータ科学の分野で世界最高峰と呼ばれるカーネギーメロン大学大学院哲学科計算言語学研究科に転入。全米で4人目、日本人としては初の計算言語学の博士号を取得。

帰国後、徳島大学助教授、ジャストシステム基礎研究所所長、同ピッツバーグ研究所取締役、通商産業省情報処理振興審議会専門委員などを歴任。

現在は自己啓発の世界的権威ルー・タイス氏とともに、米国認知科学の研究成果を盛り込んだ能力開発プログラム「PX 2」「TPIE」を日本向けにアレンジ。日本における総責任者として普及に努めている。

著書に『聴くだけ!　クラシック音楽で脳が目覚める』（発行：ペダルファーブックス 発売：徳間書店）『現代版 魔女の鉄槌』（フォレスト出版）『日本の盲点（スコトーマ）』『圧倒的な価値を創る技術［ゲシュタルトメーカー］』（ヒカルランド）『洗脳広告代理店 電通』（サイゾー）など多数。

ドクター苫米地オフィシャルサイト
「Club Tomabechi（クラブ苫米地）」会員募集中!
http://club-tomabechi.jp/

ドクター苫米地ブログ
http://www.tomabechi.jp/

Twitter
http://twitter.com/drtomabechi
(@DrTomabechi)

TPIE 公式サイト
http://tpii.jp/

PX2 については
http://www.bwfjapan.or.jp/

携帯公式サイト
http://dr-tomabechi.jp/

ドクター苫米地英語脳ラボ
http://www.drenglish.jp/

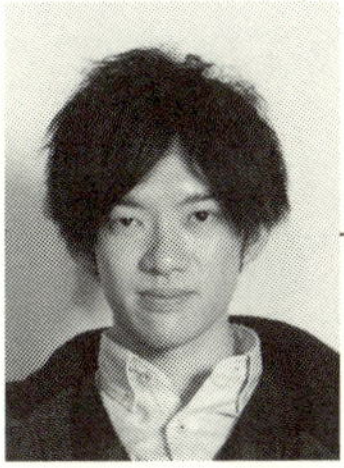

Profile

DaiGo

だいご

「すべての超常現象は科学的に再現できる」を信条に、科学・心理学にもとづいた解析を行い、暗示、錯覚などを用いて超常現象を再現するパフォーマンス“メンタリズム”を行う。

DaiGoは、現在日本で唯一のメンタリズムパフォーマー。かつて超能力として話題となったスプーン曲げや、心を見透かす読心術など、再現される超常現象は多岐にわたる。科学や学問を用いてエンターテイメントに仕上げたパフォーマンスで人気を博し、数多くのメディアで絶賛されている。

メンタリズム研究会『CALL³（スリーコール）』に所属。

日夜メンタリズムの研究にいそしみ、さらなる人間の脳と心の解明に取り組んでいる。

著書に『DaiGoメンタリズム　誰とでも心を通わせることができる7つの法則』（ワニブックス）、『人の心を自由に操る技術　ザ・メンタリズム』（扶桑社）がある。

講演・パフォーマンスの依頼は、メンタリズム研究会『CALL³（スリーコール）』まで。

village3shop@gmail.com

DaiGoオフィシャルサイト
MeNTaLiST DaiGo
http://www.daigo.me/

DaiGoブログ
http://ameblo.jp/daigo-mentalism

Twitter
https://twitter.com/intent/user?screen_name=Mentalist_DaiGo
(@Mentalist_DaiGo)

DaiGoメンタリズム vs Dr.苫米地 〝脱洗脳〟

すべての「超能力」は再現できる!?

第一刷　2012年5月31日
第三刷　2012年6月12日

著者　苫米地英人
　　　DaiGo

発行人　本間肇
発行所　株式会社ヒカルランド
〒162-0821 東京都新宿区津久戸町3-11 TH1ビル6F
電話　03-6265-0852　ファックス　03-6265-0853
http://www.hikaruland.co.jp　info@hikaruland.co.jp
振替　00180-8-496587
本文・カバー・製本　中央精版印刷株式会社
DTP　株式会社キャップス
編集担当　豊島裕三子

ISBN978-4-86471-026-8